# ACQUITTÉE

Alexandra LANGE

# ACQUITTÉE

*Avec la collaboration
de
Laurent Briot*

Préface de Janine Bonaggiunta
et Nathalie Tomasini
Avocats au barreau de Paris

*Tous droits de traduction, d'adaptation
et de reproduction réservés pour tous pays.*

© Éditions Michel Lafon, 2012
7-13, boulevard Paul-Émile-Victor – Île de la Jatte
92521 Neuilly-sur-Seine Cedex

www.michel-lafon.com

*À mes quatre trésors,*
*Séphora, Josué, Saraï et Siméon,*
*pour qu'ils comprennent et me pardonnent*

# Préface

L'émotion de la veille est encore présente dans nos regards et dans les sourires que nous échangeons sur cette terrasse de café de la ville de Douai.

Aujourd'hui, nous n'avons pas besoin de parler.

Nous sommes toutes les trois à jamais liées de manière indicible : il n'y a plus les avocates, l'accusée, il y a trois femmes qui savent que rien ne sera plus comme avant...

Hier, Alexandra a été acquittée.

La cour d'assises de Douai a considéré, à l'issue de son procès, qu'elle était en état de légitime défense.

Son mari l'avait agressée ce soir-là et elle s'était défendue.

L'acquittement d'Alexandra Lange, du meurtre de son mari violent, est un véritable coup de tonnerre.

Les jurés nous ont entendues et ont reconnu la souffrance d'Alexandra et son calvaire.

Ils ont compris que cette femme serait morte sans ce geste fatal.

*Acquittée*

*Après des mois de travail, d'anxiété et parfois de doute,
nous avions réussi la plus belle des alchimies pour un
avocat : alors qu'Alexandra risquait la condamnation à
perpétuité, nous avions obtenu son acquittement.*

\*
\* \*

*Par un simple coup de téléphone, Rudy, son référent
du foyer qui l'hébergeait à cette époque et qui l'héberge
encore, a su nous convaincre, par sa détermination et son
engagement vis-à-vis d'Alexandra, de nous occuper de ce
dossier.*

*C'est avec beaucoup d'émotion que nous avons reçu la
première fois Alexandra à notre cabinet.*

*Elle nous est apparue telle une petite fille blessée, à la
voix douce, aux yeux tristes et au visage de madone.*

*Elle parlait à peine, ou plus exactement elle murmurait.
Ce qui nous a le plus marquées furent ses silences, son
regard, sa gêne.*

*Il nous a fallu l'apprivoiser, la mettre en confiance pour
qu'elle nous raconte, qu'elle se raconte.*

*La mésentente de ses parents, qui ont divorcé lorsqu'elle
avait dix ans, l'avait bouleversée.*

*Vivant avec une mère froide, distante et peu affectueuse,
elle avait difficilement supporté l'absence de son père, même
s'il s'est toujours soucié d'elle et de ses frère et sœur.*

*Très probablement parce que sa vie était triste, sans
aucune fantaisie, elle a voulu construire une famille alors
qu'elle n'avait que dix-sept ans…*

## Préface

Comme toutes les jeunes filles de son âge, elle rêvait du prince charmant, avec lequel elle aurait de beaux enfants et un foyer heureux.

Sa rencontre avec Marcelino, cet homme de quatorze ans son aîné, allait être déterminante.

Il faisait partie de la communauté des gens du voyage, avait un mode de vie différent du sien, plus libre, plus insouciant.

Elle répondra « oui » aveuglément lorsqu'il lui demandera de partager sa vie, pour dire adieu à son enfance meurtrie.

Elle passera ainsi sans transition de l'adolescence à une immersion totale et trop brutale dans la vie de couple.

« Ils se marièrent et eurent beaucoup d'enfants... »

Mais elle ne vivra pas le conte de fées qu'elle imaginait, ou plutôt l'histoire de ce conte va se dérouler à l'envers et le prince se transformer en monstre, les éclats de rire en cris, les rêves en cauchemars.

Les promesses de Marcelino ne seront jamais respectées, il ne lui offrira ni la sécurité, ni l'amour qu'elle souhaitait.

Les disputes ont commencé très tôt ; après la première gifle, la violence ira jusqu'à dominer entièrement cette relation au quotidien et Marcelino va créer un climat d'insécurité et de peur.

Le récit qu'elle nous en fera sera terrifiant.

En effet, dénigrer, dédaigner, mépriser, critiquer, culpabiliser sa femme et son entourage, tel sera le passe-temps favori de Marcelino qui ne travaillait pas de la journée pendant qu'elle se chargeait des courses, du ménage et de l'éducation de leurs quatre enfants.

Agressif, dépressif, alcoolique, suicidaire, il faisait régner la terreur dans la maison.

*Alexandra nous a avoué avoir été très malheureuse, mais devant une telle domination, elle avait préféré fermer les yeux et se soumettre, en espérant sauver son couple et surtout sa famille.*

*Comme beaucoup de ces femmes qui vivent un tel enfer, elle était sous emprise, usée, fragilisée, surveillée, isolée de ses relations, amis et parents, à qui elle n'osait parler.*

*Comme toutes ces femmes, elle était seule, désespérément seule derrière les portes closes du foyer pour vivre cette misère invisible aux autres.*

*Une vie de souffrances intenses, d'injures, de jalousie, de mépris, de culpabilisation, de dévalorisation, de menaces... telle a été l'existence d'Alexandra durant toutes ces années.*

*Lorsqu'elle parlait de son enfermement, de son enfer, elle fermait les yeux, trouvant même à son mari des excuses, fuyant encore la réalité.*

*Elle a tenté deux fois de le quitter, Marcelino réussissant à l'en dissuader soit en faisant renaître chez elle l'espoir d'un avenir meilleur, soit en la menaçant.*

*Alexandra a été contrainte de vivre avec son bourreau... Elle a été séquestrée, a trop accepté de lui, sans réellement répliquer aux sarcasmes, aux mots grossiers, aux insultes et aux coups... Car elle n'avait plus le droit à la parole.*

*Marcelino la dévalorisait, la dénigrait, la traitait en objet sexuel. Elle ne répondait pas, faisait profil bas, de peur de décupler sa violence.*

*Alexandra avait perdu toute confiance en elle.*

*Elle nous expliquera qu'il lui avait été très difficile de s'en sortir, d'autant qu'aucune main ne lui avait été tendue, même lorsqu'elle avait tenté d'en parler.*

*Préface*

*Ni les services sociaux, ni les services hospitaliers, ni les services de police ne prendront le temps de l'écouter.*

*Sans répit, Marcelino continuera à déployer toute son énergie pour lui donner le sentiment qu'elle n'existait plus et régnera en dictateur, en tyran domestique, sans qu'elle ait le moindre espace de liberté ; il surveillera ses allées et venues, contrôlera de plus en plus ses fréquentations et ses appels téléphoniques.*

*Son seul bonheur était de s'occuper de ses enfants et de les protéger coûte que coûte.*

*Mais ce soir de juin, Alexandra a dû subir encore une fois une scène de son mari.*

*Il avait été brutal toute la journée, et notamment avec sa fille aînée.*

*Ce n'était pas la première fois que la violence de Marcelino se manifestait à l'égard de ses enfants et elle ne le supportait plus.*

*Ce soir-là, elle a décidé de lui parler de son intention de divorcer.*

*Elle a attendu que les quatre enfants soient endormis et, le corps tremblant, elle a osé lui dire qu'elle allait le quitter, redoutant sa réaction.*

*Il répondit par des mots grossiers, insultants, l'apostropha avec dureté, ne se contrôlant plus... Une empoignade s'ensuivit, qui allait dégénérer.*

*Elle eut très peur, il tenta de l'étrangler, elle se défendit...*

*Tel sera le récit douloureux qu'Alexandra nous fera au cours de nos différents entretiens.*

*À chaque fois, il lui a été difficile de nous parler, comme si les mains de son bourreau étaient encore autour de sa gorge.*

13

*Acquittée*

*Cependant, à chaque fois, notre conviction devenait de plus en plus évidente… Cette femme était LA VICTIME et notre mission serait de le crier haut et fort, pour ELLE et au nom de TOUTES LES FEMMES qui subissent des violences conjugales.*

Janine BONAGGIUNTA & Nathalie TOMASINI
Avocats au barreau de Paris

## – 1 –

## « Acquittez-la ! »

La prison ou l'espoir. Des années derrière des barreaux ou la possibilité de vivre normalement. J'aurais pu écrire : « la possibilité de vivre enfin ». Ce vendredi 23 mars 2012, Luc Frémiot, l'avocat général, va livrer son réquisitoire aux jurés de la cour d'assises du Nord.

J'ai tué mon mari.

J'ai tué mon mari au cours d'une dispute. J'ai tué mon mari par accident. J'ai tué mon mari parce qu'il allait me tuer. Et c'est l'heure de rendre des comptes.

La présidente du tribunal, Mme Schneider, une femme aux cheveux courts et gris, souvent froide à mon endroit et le regard dur parfois, échange quelques mots avec ses deux assesseurs. À côté d'eux, les six membres du jury, ceux qui décideront bientôt de mon sort, attendent comme moi de savoir

*Acquittée*

ce que leur recommandera M. Frémiot. M'envoyer en prison ou me laisser libre. Me condamner ou m'acquitter.

Face à lui je comparais, libre. Auprès de moi, mon père, qui est inculpé pour avoir tenté de m'aider, maladroitement, à modifier la scène de crime.

Je suis épuisée. Sur les bancs du public, mes proches mais aussi des gens que je ne connais pas me dévisagent. On n'entend plus que des respirations fortes, des toussotements. L'air est lourd. Depuis trois jours, les uns et les autres ont écouté le récit de mon calvaire, ma vie de femme battue et humiliée, le cauchemar perpétuel qu'ont vécu mes enfants. Comme ces gens que je ne connais pas, j'ai entendu tous ceux qui se sont trouvés sur mon chemin (ma mère, mes amis, ceux de mon mari, ses frères…) raconter à la barre une anecdote me concernant, une ambiance ressentie dans notre maison des horreurs ou un événement qu'ils ont partagé avec l'homme que j'ai aimé et à qui j'ai fini par ôter la vie. Avec eux j'ai écouté les experts en tout genre décortiquer ma personnalité, la sienne et, surtout, la scène du drame, ce soir de juin 2009, quand ma main est allée planter un couteau dans son cou.

« Disputes »… « Insultes »… « Coups de poing »… « Alcool »… « Sang »… « Hurlements »… « Souffrances »… « Douleurs »… « Peur »… Les mots tournoient dans ma tête. Combien de fois ont-ils été prononcés durant ces trois jours d'audience ? Le tribunal les a-t-il bien entendus ? A-t-il bien évalué le poids de chacun d'entre eux ? Les questions se bousculent en moi et j'étouffe, mais il n'y en a

*« Acquittez-la ! »*

plus qu'une qui compte maintenant : M. Frémiot demandera-t-il à la cour de me condamner pour avoir tué un homme ou fera-t-il valoir, comme mes proches l'espèrent, que j'étais une femme terrifiée qui n'a voulu que se défendre pour sauver sa peau ?

Je sens la présence de mes deux avocates, juste derrière moi. Elles me couvent du regard. Avant ma comparution devant le tribunal, maîtres Janine Bonaggiunta et Nathalie Tomasini ont déjà entrepris de me rassurer. Elles connaissent l'état d'esprit de l'avocat général : ce magistrat a fait de la lutte contre les violences conjugales un de ses combats personnels. Voilà près de vingt ans que Luc Frémiot est aux côtés des femmes battues. Sa réputation va bien au-delà des salles d'audience : il donne aujourd'hui des conférences pour sensibiliser le grand public et les institutions (police, Administration, etc.) à la prise en charge des femmes victimes de la barbarie de leur mari ou compagnon. Il est de ceux qui s'élèvent sans relâche contre une des statistiques les plus monstrueuses de notre société : tous les deux jours et demi, en France, une femme décède sous les coups de son conjoint.

Des procès comme le mien, il en a connu des dizaines. C'est d'ailleurs au cours de l'un d'eux, m'a-t-on dit, qu'il a décidé de « s'engager ». C'était au début des années quatre-vingt-dix, à Douai déjà, dans ce même tribunal qui doit maintenant me juger. Un homme se trouvait alors dans le box des accusés pour avoir maltraité sa femme pendant des

17

*Acquittée*

années au point, un jour, de lui tirer plusieurs balles dans le corps parce qu'elle avait voulu le quitter. Le magistrat Luc Frémiot avait été marqué par le fait que tout le monde, dans l'entourage de la victime, savait ce qu'elle subissait... et que personne n'avait osé réagir.

Il y a autre chose qu'il répète souvent : « Dans presque toutes les affaires de violence conjugale, le déni de la violence est un point commun entre le conjoint violent et sa victime. » Pour ce qui me concerne, j'ai mis du temps à comprendre cette phrase : elle signifie que la victime – elle aussi – occulte souvent le côté anormal et monstrueux de ce qu'elle subit.

Je n'ai (nous n'avons) évidemment pas dérogé à la règle...

L'avocat général se tient juste en face de moi depuis trois jours. Il m'impressionne dans sa grande robe rouge et noire. Il est concentré, attentif, et souvent je sens son regard se poser sur moi. Alors je tremble. Des hommes comme lui, je n'en ai vu qu'à la télévision ou dans les journaux. À mes yeux, ces gens-là représentent à la fois la Justice, la Loi et la Morale. Autant dire que je me sens toute petite.

La présidente du tribunal brise soudain le silence : « Monsieur l'avocat général, vous avez la parole pour les réquisitions. » Je me redresse sur ma chaise. Mon père, assis à côté de moi, prend mes mains entre les siennes. Son cœur doit battre aussi fort que le mien. On n'entend plus que le froissement des quelques feuilles de papier sur lesquelles M. Frémiot a griffonné ses notes.

Il se lève : « Madame la présidente, mesdames et messieurs les jurés. » Je baisse la tête. J'ai peur. « Parlons des faits, commence-t-il. C'est un soir comme les autres… » Il répète en s'adressant aux jurés : « Un soir comme les autres ! » Puis : « Un soir de violence. Un soir de désespoir. » « Ça commence comme toujours, poursuit-il : il la frappe, il l'empoigne. Ils sont dans la cuisine. Il essaie de l'étrangler… » Il se tourne vers moi. Les larmes me montent aux yeux. Mon visage se crispe. Puis il revient vers les jurés. Il raconte, encore une fois, la dispute qui a éclaté entre mon mari et moi et qui a conduit à mon geste fatal : « Elle est contre lui ! Il la tient ! Il la bat ! Son espace de mouvement est réduit… » Il s'interrompt quelques secondes. « Et il y a ce couteau qui est là, espèce d'instrument du destin qu'elle prend, comme ça, en tâtonnant… » De la paume de sa main droite, il frappe sur la table devant lui pour reproduire les derniers gestes que j'ai accomplis au moment du drame. « Il y a ce couteau qu'elle saisit ! », insiste-t-il avant de marquer une longue pause, le regard dans le vague, comme s'il revivait la scène. Et il se tourne encore une fois vers les six jurés. C'est à eux, d'abord, qu'il veut s'adresser. Eux qui décideront de mon avenir « en leur âme et conscience », selon les termes de la loi.

Et là, il pose la question qui résume les trois jours de procès qui viennent de s'écouler : « Est-ce que madame Lange n'a pas pensé à un moment ou à un autre que sa vie était en danger ? » Il cherche

19

*Acquittée*

l'approbation de ces citoyens ordinaires sur les épaules desquels repose le verdict. Il insiste, forçant la voix : « Est-ce qu'elle a pu le penser, elle qui avait été menacée de mort à plusieurs reprises ? Elle qu'il avait déjà plusieurs fois essayé d'étrangler ? Est-ce qu'elle a pu penser que ce soir-là Marcelo Guillemin allait la tuer ? Mais bien sûr qu'elle a pu le penser ! » L'émotion me submerge. Je cherche de l'air. Bien sûr que j'ai cru que j'allais mourir.

« Évidemment il y a ce coup… », reprend-il à voix plus basse tout en frappant dans le vide avec sa main gauche qui semble tenir un couteau invisible. Je ferme les yeux. J'ai tant voulu effacer de ma mémoire cette scène terrifiante.

Il marque un silence qui me paraît éternel. De son regard profond, il fixe les jurés un à un et s'écrie : « Il faut que je demande condamnation ? L'avocat de la société doit demander condamnation au nom des grands principes ? On ne tue pas, non ! »

J'ai peur. Peur de l'avenir. Peur de la prison. Peur pour mes enfants. Un an, cinq ans, dix ans… peu importe la peine. J'ai déjà perdu quinze années de ma vie. J'ai vécu douze années de cauchemar au côté de Marcelo Guillemin. J'ai déjà passé près de dix-huit longs mois en détention préventive avant d'être libérée « en conditionnelle » et d'attendre encore une année et demie ce procès. Je suis à bout. Il faut que cela se termine. J'ai trop longtemps souffert sans en rien dire. Il faut que l'on m'entende, maintenant ! Je prie. Je ne veux pas retourner en prison… Je ne peux pas. Je ne pourrais pas tenir. Et

*« Acquittez-la ! »*

mes enfants, mes trésors, que deviendront-ils si on les prive encore de moi ?

M. Frémiot poursuit : « Alors oui, il y a ce coup de couteau. Mais Alexandra Lange n'a donné qu'un unique coup ! Et ça, c'est de la légitime défense ! » Il lève maintenant la main au-dessus de sa tête, pouce et index joints, pour signifier aux jurés qu'il s'agit là du point essentiel. « Il n'y a eu qu'un seul coup ! Il n'y en a pas eu de deuxième, pas de troisième… Un seul coup ! Il n'y a pas eu la volonté de porter ce coup dans le cœur ou dans le ventre ! » Il laisse encore passer un silence qui me semble sans fin. Le souvenir du drame est intact, là, dans mon esprit, devant mes yeux. J'ai la gorge serrée, comme si j'allais bientôt ne plus pouvoir respirer. « Mettez-vous à sa place, je vous le demande ! », lance-t-il comme une supplique aux jurés. « Je vous en implore ! Vous devez le faire, c'est aussi ça, être juge ! » Il me fixe. Son regard me pénètre. Il a l'air de dire : « Mais mince, c'est à cause de nous si vous êtes là. Nous sommes en train de vous juger mais nous n'avons pas été foutus de vous aider ! » Je craque encore. J'ai envie de hurler, de pleurer, de partir, je ne sais plus, je suis perdue. Mon père, comme chaque fois que j'ai besoin de son soutien, me serre contre lui.

L'avocat général me fixe droit dans les yeux : « Alexandra Lange a toujours été seule. Elle a toujours été seule… » Je veux soutenir son regard. Lui faire honneur. Être digne. Il va conclure, je le pressens. Et il dit : « Moi, aujourd'hui, je ne veux pas la laisser seule… » Je sens en lui comme une rage, la rage de son combat. « Je ne veux pas la laisser

*Acquittée*

seule ! » Il tape du poing sur la table : « Et je suis à ses côtés ! »

Il se penche vers moi, par-dessus son pupitre, comme s'il voulait se rapprocher de moi. Je retiens mes sanglots. Je le regarde en face. Le silence de cet instant me donne le vertige. J'aperçois sur sa gauche un des six membres du jury qui essuie une larme. Et soudain il crie : « Madame Lange, vous n'avez rien à faire dans cette salle d'assises et c'est la société qui vous parle ! »

Puis il se tourne vers les jurés, le poing serré : « Acquittez-la ! Acquittez-la ! »

Mes yeux se ferment. J'ai l'impression de tomber dans un trou sans fond. Je sens les mains de mes avocates sur mes épaules. Mon père se blottit contre moi et pose un baiser sur mes doigts. Il est en pleurs.

*
* *

Que vont-ils décider ? Je ne parviens pas à chasser de mon esprit l'idée de la prison. Mes avocates me prennent dans leurs bras. Elles me sourient et essuient les larmes qui coulent sur mes joues : « C'est fini, allez... » Elles veulent me rassurer : « Un avocat général qui demande l'acquittement avec cette conviction, c'est du jamais-vu ! »

Je leur souris à mon tour mais je ne peux m'empêcher d'avoir peur. Combien de temps faudra-t-il attendre le verdict ? Je ne sais plus où je suis. Tout s'est brutalement emballé.

*« Acquittez-la ! »*

Le réquisitoire de M. Frémiot était tellement en ma faveur que mes avocates ont dû se concerter pour affiner leur plaidoirie. Il leur a fallu trouver d'autres mots, d'autres arguments pour convaincre définitivement les jurés. Je les ai vues s'isoler de longues minutes, puis échanger quelques phrases que je n'entendais pas avec l'avocat général et la présidente et enfin, concentrées et l'air grave, elles sont entrées dans l'arène.

Maître Bonaggiunta a expliqué la notion psychologique d'emprise, et insisté sur le fait qu'il était pour moi « difficile » de m'en sortir sous une telle domination. Elles ont répété mon calvaire, bien sûr, mais ont surtout parlé « au nom de toutes les femmes battues » et maître Tomasini a martelé que la « présomption de légitime défense » devait profiter à chacune d'entre elles. Elles ont dit : « Ce procès est celui des femmes poussées à bout qui subissent des violences physiques et psychologiques, sans discontinuité, dans le silence et l'indifférence. » J'ai vu dans l'assistance une femme passer un mouchoir sur ses yeux.

Et pourtant, maintenant qu'il ne nous reste plus qu'à attendre le verdict, je tremble de nouveau. Je tremble car je sais que la question principale à laquelle les jurés devront répondre, au-delà de l'enfer que j'ai traversé et qui m'a conduite à commettre l'irréparable, reste celle de la « légitime défense ». La loi dit que la légitime défense est une réaction « proportionnelle à la menace ». Tout au long des audiences, la cour a donc cherché à déterminer si, cette nuit du 18 juin 2009, je me trouvais en danger de mort et donc si le coup de couteau fatal que j'ai donné à mon mari était une « réaction proportionnelle » à sa violence. Mais fallait-il considérer que je me trouvais en danger de mort « ce soir-là » ou en danger de mort « permanent », après douze années de vie commune, de menaces et de souffrance ?

J'ai bien compris que l'avocat général, censé faire appliquer la loi – c'est-à-dire envoyer l'accusée que je suis, jugée pour « homicide volontaire sur conjoint », en prison – a manifestement pris fait et cause pour moi, mais que diront les jurés ? Ont-ils été convaincus, eux aussi, que je n'ai donné ce coup de couteau que pour me défendre et que je n'ai jamais eu la volonté de tuer ? Pensent-ils que je me trouvais en situation de légitime défense et que je dois donc être acquittée du meurtre de mon mari ? On a déjà vu, et ce n'est pas rare, un jury désavouer un avocat général...


J'ai peur car plusieurs fois j'ai eu l'impression, au cours du procès, que l'on ne me croyait pas. Une femme, surtout, m'a fait vaciller. C'est le médecin légiste qui est venu décortiquer « la scène de crime » et le coup mortel. Elle a décrit « la lame du couteau qui a pénétré de treize centimètres dans le cou », la carotide « tranchée nette », la mort « en quelques secondes ». Puis elle a employé des termes très techniques que je ne comprenais pas. Elle a souligné que la lame avait pénétré la peau, juste à la base du cou, à l'endroit précis où la chair est souple. Cette insistance m'a fait une drôle d'impression. Je n'arrivais pas à savoir si cette femme experte, que les jurés écoutaient d'une oreille attentive, voulait dire à la cour que j'avais sciemment donné la mort ou si sa démonstration consistait au contraire à expliquer que le couteau était entré par hasard au pire des endroits – c'est-à-dire le plus vulnérable. Puis elle a ajouté, avec ses mots compliqués à elle, qu'il fallait avoir frappé avec une grande violence pour que la lame pénètre si loin, comme si elle sous-entendait que j'avais tapé fort pour ne laisser aucune chance de survie. J'ai voulu me lever et hurler, encore une fois, que jamais je n'avais pensé tuer, ce soir-là. Je voulais crier, encore et encore, que mon geste n'était qu'un soubresaut de panique et un réflexe de défense. J'aurais voulu lui rétorquer : « Bien sûr que le coup était fort ! Bien sûr qu'il est entré de treize centimètres dans son cou ! Mais que voulez-vous que je vous dise ? J'avais tellement peur, j'étais terrifiée ! » J'aurais voulu crier tout cela mais je me suis retenue. Il faut savoir se tenir dans un tribunal, même quand le sentiment de la pire injustice vous traverse.

La présidente de la cour d'assises, que je ne savais trop cerner, est ensuite revenue sur cette fichue question de la légitime défense. Elle m'a appelée à la barre et a commencé ainsi :

— Ce couteau, il était où, madame ?

— Sur la table.

— Dans la cuisine où vous vous trouviez tous les deux ?

— Oui…

*Acquittée*

— Et vous l'enfoncez au niveau de son cou, c'est ça ? a-t-elle poursuivi en mimant, de sa main gauche, la trajectoire du couteau.

— Oui…

— Avec une grande violence, quand même…

— J'avais peur, ai-je murmuré en pleurant.

— Ça d'accord, m'a-t-elle interrompue d'un ton sec, mais vous frappez quand même avec une grande force. Vous ne vous contenez plus, là…

Je n'ai rien pu ajouter. Je ne comprenais pas ce qu'elle voulait me faire dire. Alors elle a insisté :

— Est-ce que vous maîtrisez votre geste ? Est-ce que vous voulez le frapper ailleurs que dans son cou ? Est-ce que c'est un hasard si vous frappez à cet endroit-là ?

— C'est un hasard…

— Parce que ce n'est pas anodin de le frapper là, vous savez pourquoi, a-t-elle continué en portant encore une fois son doigt sur son cou.

— …

— Vous auriez pu le frapper aux mains, aux bras, mais vous le frappez ici… à un endroit vital, c'est ça que je veux dire…

— Je ne voulais pas sa mort, ai-je balbutié d'une voix qui sortait à peine de ma gorge.

J'étais sur la défensive. Je me sentais tellement seule… J'avais le sentiment douloureux que cette femme, et donc peut-être d'autres aussi, ne me croyait pas.

L'avocat général s'est alors levé et s'est avancé vers moi pour m'interroger à son tour.

26

*« Acquittez-la ! »*

— Est-ce que, madame, vous vous sentez spécialement en danger ce soir-là ? Ou est-ce que votre geste s'explique par une espèce d'incapacité à supporter les violences depuis toutes ces années ?

Et comme je ne répondais pas (je n'en trouvais pas la force), il a poursuivi, sans que je comprenne s'il était agacé par mes silences ou s'il voulait m'aider :

— Êtes-vous, ce soir-là, au bout du bout ? Est-ce que ce soir-là vous avez pensé qu'il allait vous tuer ? C'est ça qu'il faut que l'on sache, vous savez !

— J'ai bien vu qu'il voulait me tuer…, ai-je fini par articuler entre deux sanglots.

— Et pourquoi ce soir-là spécialement ? Il n'avait jamais été comme ça avant ?

— Non, jamais comme ça. C'était le pire, ce soir-là…

— Que fait-il de pire ? Que se passe-t-il, cette fois, qui n'avait jamais été à ce niveau-là ?

— Sa fureur…

Je revoyais cette scène à chaque mot que je prononçais. J'étais au bord de l'évanouissement. Mais l'avocat général ne s'arrêtait pas.

— À quel moment pensez-vous qu'il va vous tuer ?

— Au moment où il a dit : « Je vais te crever… » Quand il s'est jeté sur moi…

\*

\* \*

Sur les marches du tribunal, en attendant le verdict, j'entends papa, mes avocates et mes amies passer dernière moi et m'adresser un petit mot :

27

« Tiens le coup », « On est là ». Tout le monde veut me rassurer. Mon père s'approche : « Ça va aller, ça va aller… » Maître Bonaggiunta insiste : « Les jurés ont été émus. Ils sont avec nous… » Ils ont dû lire le désarroi et la douleur sur mon visage. Je ne cesse de balancer entre la confiance et la peur.

Si je veux voir les choses du bon côté, il suffit que je me remémore les témoignages de ceux qui sont venus décrire, tout au long de l'enquête puis du procès, les outrages que j'ai subis pendant douze ans et la personnalité de celui qui a été mon bourreau. Pendant ces trois jours de procès, la quasi-totalité des témoins appelés à la barre n'ont fait que répéter le martyre que j'ai vécu, le monstre qu'était mon mari, avant et après notre rencontre, et « l'esclave de la violence conjugale » que j'étais devenue à ses côtés. Certains ont osé dire : « C'est elle qui y serait passée un jour ou l'autre si elle ne l'avait pas tué » ; « Personne ne le regrettera » ; « Il l'a poussée à bout » ; « La vie est plus douce pour tout le monde depuis qu'il n'est plus là »… Il y a eu les récits des amis plus au moins proches et ceux de voisins, comme Dominique qui a vécu tout près de nous les derniers mois avant le drame et qui a déclaré aux enquêteurs : « Il l'insultait tout le temps. Il lui criait dessus. Il hurlait. Il disait souvent qu'il finirait par la tuer… »

Les témoignages les plus terribles ont été, sans aucun doute, ceux de sa propre famille. Il y a eu le récit de son frère, Claude, venu raconter qu'au

*« Acquittez-la ! »*

moment du drame plus aucun de ses cinq frères et
sœurs, pas plus que ses oncles, ses neveux ou ses
nièces, n'adressait encore la parole à mon mari. Il
y a eu les phrases de son ex-femme, Sylvie, battue elle aussi, qui a relaté ses « quatre années de
cauchemar ». « Je pense que si je n'avais pas quitté
Marcelino Guillemin, c'est moi qui l'aurais tué,
a-t-elle eu le courage de dire. Il n'y a pas de mots
pour expliquer comment il était : méchant, violent, injuste… Il avait le diable en lui. » Et puis :
« Contrairement à Alexandra, j'ai pu m'en sortir.
Pour moi, Alexandra est une pauvre femme dont la
place est dehors, pas en prison. »

Je pense également à leur fils Kévin, vingt ans
aujourd'hui et qui vivait avec nous depuis quelques
années. Un gentil garçon que la vie n'a pas épargné
et qui est venu à la barre dire des choses terribles
sur son père : « Quand il est mort, ça ne m'a rien
fait », « Il nous battait tout le temps ». Et il a eu cette
phrase toute simple qui m'a bouleversée : « Je suis là
aujourd'hui pour Alexandra. »

J'ai également en tête le récit de Médhi, le fils
d'une amie devenu l'ami de Kévin, que nous
hébergions ponctuellement. Ce jeune homme
brave et costaud a raconté dans quelles circonstances il a découvert la véritable personnalité de
mon mari après l'avoir seulement fréquenté en
dehors de notre foyer : « Marcelino Guillemin
m'avait proposé de venir chez eux quand je n'étais
pas bien. Deux semaines avant le drame, ça n'allait
pas justement. J'avais envie de changer d'air et
je suis donc allé chez eux, comme il me l'avait

*Acquittée*

proposé. C'est là que j'ai constaté que chez lui, il était bien différent de ce qu'il était à l'extérieur. Il était violent avec sa femme ainsi qu'avec ses enfants. Il les frappait sans raison, aussi bien avec les mains, les pieds ou n'importe quel objet qui lui passait sous la main. Il ne cessait de menacer de les tuer. Il était sans cesse extrêmement grossier. Il employait des expressions du genre : "Je vais les briser en morceaux", "Qu'ils aillent *baiser* leurs morts". Il insultait et menaçait Alexandra : "Sale *putain*", "Je vais te crever", etc. Il employait ces termes même devant ses enfants qui n'avaient que sept, neuf et dix ans… »

Et puis il y a eu le témoignage inattendu pour moi de Sabrina, issue, comme Kévin, de l'union de Marcelino avec Sylvie. Sabrina avait rompu tout lien avec son père depuis des années : sa mère, qui n'avait jamais cessé d'avoir peur de lui, lui interdisait de le voir. Mais en 2007, deux ans avant le drame, elle était réapparue. Elle venait de tomber enceinte, à dix-sept ans, et avait alors décidé de se rapprocher de son père. L'un et l'autre avaient été heureux de se revoir et avaient rapidement pris l'habitude de se téléphoner. Ayant connu Sabrina quand elle était toute petite (le hasard a fait que j'ai côtoyé Sylvie et ses enfants dès mes premiers mois de vie avec « lui »), je considérais un peu Sabrina comme ma fille et je dois dire que j'étais contente de la retrouver. Elle venait nous visiter à l'occasion des anniversaires de nos enfants, surtout ceux de

*« Acquittez-la ! »*

nos deux aînés qu'elle avait un peu connus quand elle était toute jeune. Elle nous amenait sa fille, une petite que j'adorais et qui de son côté, si j'en crois la façon qu'elle avait de m'appeler « mamie », m'aimait beaucoup.

En fait, je crois que Sabrina avait sincèrement repris le goût, au cours de ces deux années de retrouvailles, de fréquenter ce père dont elle disait n'avoir que très peu de souvenirs. Et je dois reconnaître que j'ai rarement vu mon mari aussi affable et gentil avec quelqu'un que lorsqu'elle venait à la maison ou lui téléphonait. J'ai le souvenir, également, qu'il lui envoyait des petits textos charmants, toujours signés « Papa », dans lesquels il lui écrivait qu'il l'aimait. Je m'en souviens parce que cette façon de s'exprimer était si rare chez lui qu'il m'est difficile de l'oublier...

C'est ainsi qu'après le drame, alors qu'elle était interrogée par les enquêteurs comme tous les membres de notre entourage, Sabrina a été l'une des rares à prendre la défense de mon mari. J'ai su par exemple, lorsque j'ai eu accès au dossier d'instruction, qu'elle avait décrit notre relation comme « normale », « sans rien à dire de particulier ». « Quand j'allais chez eux, ils jouaient toujours ensemble, avait-elle notamment expliqué. Ils se faisaient des chatouilles, des trucs comme ça. Je ne les ai jamais vus se disputer. » Puis : « Je n'ai jamais assisté à des scènes de violence et personne n'est venu s'en plaindre à moi. J'ai aussi passé de longs moments avec leurs deux plus grands enfants et ils ne m'ont jamais rien dit. »

*Acquittée*

J'ai d'abord été très surprise par son témoignage car, au cours de l'une de ses visites chez nous, j'avais eu l'occasion de lui faire part des violences que je subissais. Pourquoi ne l'avait-elle pas raconté ? Et surtout, je m'inquiétais : pourquoi me croirait-on, moi, et pas elle ?

Avec le recul, au-delà du fait qu'il est compréhensible qu'une jeune fille puisse défendre un père avec lequel elle avait renoué, je crois qu'elle n'avait pas réalisé l'ampleur de l'enfer que je vivais. Car au procès, elle s'est effondrée. Après avoir écouté pendant des heures l'ensemble des autres témoins appelés à la barre, elle s'est mise à pleurer et est tombée dans les bras de sa mère. Devant les portes du tribunal, alors qu'un journaliste cherchait à comprendre ce qu'elle pensait désormais de son père, elle a répondu dans un cri de colère plein de larmes : « Je lui en veux et c'est bien fait pour lui s'il est mort ! Je lui en veux ! Avant, c'était à Alexandra que j'en voulais parce que je venais de retrouver mon père et parce qu'elle l'avait tué ! Mais là, maintenant, je pense que c'est bien fait pour lui... Je le dis : c'est bien fait pour lui ! Pour tout le mal qu'il a fait à tout le monde... »

*
* *

À l'heure du verdict, quand je veux me rassurer et me convaincre qu'il sera favorable, que le jury ne me condamnera pas et ne m'enverra pas en prison, je repense aussi aux phrases prononcées par l'avocat de nos enfants. La justice ayant considéré qu'il était préférable de ne pas leur imposer la dure épreuve de ce procès, il lui a été demandé de parler en leur nom et de rapporter la parole de chacun d'entre eux. Il a commencé ainsi : « Ce sont de beaux enfants. Bravo madame Lange… », puis il a présenté des photos sur lesquelles apparaissaient leurs visages et j'ai pleuré, encore. Mes trésors, mes pauvres trésors…

L'avocat a eu des mots adorables pour Josué, Saraï et Siméon, mes trois plus petits, puis, en posant son doigt sur une photographie de Séphora, a précisé : « Elle, c'est la grande, elle a treize ans. À cet âge, on peut se remémorer des événements, on peut raconter. Et pourtant quand je lui ai demandé de me raconter de bons souvenirs avec son papa, elle n'a pas su me répondre. J'ai un peu insisté et je l'ai obligée à faire un effort énorme pour qu'elle me dise quelque chose… Alors elle a réfléchi, elle a réfléchi, elle a réfléchi… » L'avocat a soudain levé sa main vers le ciel puis : « Et elle m'a enfin dit : "Oui, un jour, une fois, il m'a fait un sourire…" Voilà l'affection que ce monsieur a réussi à donner à sa fille en dix ans : un jour, une fois, un sourire… »

Je pleurais, plus encore que tout au long de ces trois jours de procès car, une fois de plus, je me rendais compte de l'enfer dans lequel j'avais laissé mes enfants pendant toutes ces années.

L'avocat a poursuivi en s'adressant aux jurés : « Séphora m'a fait cette incroyable réponse ! Alors j'ai pris le contre-pied et je lui ai demandé : "Et le reste, c'était quoi ?" »

*Acquittée*

« Eh bien c'est ce que vous entendez depuis le début de ce procès, a-t-il poursuivi en attrapant une feuille de papier pour la lire. Je la cite : "Il m'a dit que je ne réussirais jamais, que j'étais une *pute* – il a insisté sur le mot – et que je n'avais qu'à faire le trottoir. Il voulait que j'arrête l'école en CM2 pour apprendre à faire le ménage, la couture et le *manger.*" Voilà, elle dit désormais : "Il ne me manque pas. Je suis heureuse dans ma vie de maintenant." »

L'avocat s'est alors tourné vers moi et a conclu : « Ces enfants sont aujourd'hui dans un foyer, depuis que vous êtes passée en prison, et aujourd'hui ce sont des enfants heureux, calmes, intelligents, extrêmement soudés et qui ne demandent qu'une seule chose : c'est que d'une manière ou d'une autre, la justice leur rende leur maman… »

*
\* \*

Cette attente du verdict est une torture. Heureusement que mes avocates sont près de moi ! Elles me soutiennent et essaient même de me faire sourire pour alléger mon angoisse. J'imagine pourtant le pire, je tourne en rond dans ma tête, car je ne peux m'empêcher de repenser, encore et encore, à tous les autres témoignages que j'ai mal vécus parce que j'ai eu le sentiment qu'on ne me comprenait pas, que la justice ne pouvait pardonner mon geste et parfois, même, que certains pouvaient douter de ma sincérité. Je ne peux oublier ceux qui sont venus dire qu'ils « ne savaient pas », qu'ils n'avaient

« rien vu des violences » que je subissais, qu'ils n'avaient « aucun souvenir de traces de coups » sur mes bras ou mes jambes et « pas davantage sur les enfants ». Je les ai écoutés attentivement, ceux-là, et je garderai à jamais une rancœur contre ceux qui, je le sais, ont menti. Évidemment, que la plupart d'entre eux savaient ! Pourquoi n'ont-ils pas osé le dire à la barre ? Je pardonnerai à ceux qui n'ont pas eu la force de dénoncer mon mari violent quand il était encore présent – qu'aurais-je fait à leur place ? – et qui, mieux vaut tard que jamais, m'ont tendu la main au procès. Mais je ne pourrai pardonner à ceux qui savaient et qui m'ont laissée tomber devant la cour. Il n'était plus question de courage, à cet instant, mais d'honneur.

*
* *

C'est pour maintenant.

Mme Schneider, la présidente, visage sévère, m'a demandé de me lever. Je dois me forcer pour ne pas fermer les yeux. Je voudrais me recentrer sur moi-même pour entendre la sentence, en solitaire, ma conscience pour unique compagne.

On n'ôte pas la vie sans remords ni regrets. Je regrette mon geste. Bien sûr que je le regrette. Et pourtant n'importe quelle condamnation me paraî-trait injuste. J'ai connu l'horreur de la garde à vue, j'ai déjà passé dix-huit mois derrière les barreaux, j'ai perdu la garde de mes enfants, ils ont perdu leur maman... Au risque de choquer, j'ose dire que cela

*Acquittée*

me paraît déjà beaucoup. Si j'ai une dette à payer, il me semble que je m'en suis déjà acquittée. Alors non, je ne pourrais pas supporter de retourner en prison.

Je suis épuisée. J'ai pesé le pour et le contre de chaque parole prononcée depuis trois jours. J'ai voulu comprendre ce que les uns savaient, ce que les autres pensaient, l'enchaînement des faits, toutes ces années au cours desquelles nos disputes et la violence se sont aggravées, et, bien sûr, pourquoi et comment j'en suis arrivée à ce geste terrible. Ma tête est pleine. Je ne me suis accordé que quelques minutes de répit depuis l'ouverture du procès, quand la présidente annonçait une suspension d'audience et que nous pouvions sortir respirer le grand air ou quand je me retrouvais seule, le soir, dans le petit studio que j'habite depuis ma liberté conditionnelle, en attendant que le sommeil m'emporte. J'ai parfois réussi à penser à autre chose qu'aux insultes, aux coups et au sang. Mais maintenant je n'en peux plus, je suis vidée. Il faut que cela se termine. La prison ou l'espoir.

Je prends une respiration profonde. Je suis prête. La présidente commence : « Voici les réponses aux questions posées et l'arrêt rendu en commun. » Je ne comprends pas cette formulation mais déjà elle enchaîne. « À la question relative à l'homicide volontaire, il a été répondu oui à la majorité des six voix. » Qu'est-ce que cela peut bien signifier ? Suis-je condamnée ? Je me sens prise d'un malaise

*« Acquittez-la ! »*

mais déjà Mme Schneider reprend. « À la question relative à la légitime défense, il a été répondu oui à la majorité des six voix. » Mon regard se perd dans le vide. Mes yeux fuient ceux de la magistrate. Trop de tension, d'émotions. J'étouffe. Je suis perdue. Elle reprend : « Cela veut dire… » Elle s'interrompt pour s'adresser à moi d'une voix posée : « Madame Lange, si vous voulez bien me regarder… » Je relève la tête. « Cela veut dire que la cause d'irresponsabilité pénale a été retenue en ce qui vous concerne pour l'homicide volontaire. Vous êtes donc acquittée. »[1]


Le silence pesant de la cour d'assises se transforme brutalement en un brouhaha dans lequel se mêlent des bruits de chaises, des claquements de talons, des froissements de tissus et de papiers, des murmures et des pleurs. La présidente se redresse, commence déjà à refermer les dossiers qu'elle n'a pas quittés des yeux depuis le début du procès, puis se lève. Je ne comprends pas. Tout va trop vite. Et pourtant ces quelques secondes me paraissent défiler au ralenti. Mon père se jette dans mes bras et me serre contre lui. Il pleure. Ce sont des larmes de joie que je vois sur ses joues. Je suis acquittée ? Reconnue en tant que victime ? C'est terminé, vraiment ? Je ne sais plus, je n'arrive pas à y croire. Mes deux avocates ont fait le tour de leur pupitre et

---

1. Mon père, quant à lui, sera condamné à une peine de six mois de prison avec sursis.

m'enlacent à leur tour. Elles ont les yeux humides d'émotion.

Et soudain, un cri venu du public : « Bravo ! Bravo ! » Puis un autre : « Merci ! » Des acclamations s'élèvent. « Bravo ! Merci ! » Des applaudissements. J'ai du mal à croire ce que je vois et entends. Mes amis, mes proches, tout le monde pleure. Des gens que je ne connais pas et qui m'ont dévisagée pendant trois jours, peut-être de simples amateurs de faits divers, pleurent eux aussi et applaudissent dans ma direction. J'aperçois mon frère, Sylvie, l'ex-femme de celui que j'ai tué devenue une amie, leurs enfants... Tous se tiennent debout. Certains essuient leurs larmes, d'autres semblent prier en joignant leurs mains devant leur visage !

Je m'adresse à mes avocates : « Je ne retourne pas en prison ? Je suis vraiment acquittée ? – Mais oui, mais oui, c'est terminé maintenant... », me répondent-elles dans un large sourire.

Je ne maîtrise plus ni mes émotions ni mon corps. Je suis emportée, enserrée par les embrassades des uns et des autres. Nous voilà déjà à la sortie du tribunal. Sylvie me tombe dans les bras. Puis son fils Kévin, lui qui a subi tant d'humiliations et de maltraitances de la part de son père. C'était aussi leur procès à eux. C'est un peu notre victoire à tous.

Des équipes de télévision se jettent sur nous, filment nos embrassades et nos pleurs. Je me tourne vers Christophe, un journaliste de l'émission *Sept à huit*, sur TF1, qui me suit depuis le début du procès

*« Acquittez-la ! »*

et qui a eu l'autorisation exceptionnelle de filmer les audiences. Je lui souris car je sais qu'à travers lui mon histoire sera vue par des millions de Français. J'en ai accepté le principe parce que, me suis-je dit, cette histoire pourrait être celle de toutes les femmes battues. Elle peut servir d'exemple, ou tout du moins de témoignage. Les gens doivent savoir.

J'ai voulu qu'ils voient le calvaire des femmes comme moi. J'ai voulu dénoncer le silence de ceux qui savent et ne disent rien. J'ai espéré que mon histoire ouvre les yeux de ceux qui se demandent toujours, sans avoir les éléments pour comprendre, pourquoi « une femme battue ne part pas ».

## – 2 –

## Comprendre et expliquer

Juin 2012. La page du procès est tournée depuis quelques semaines. Mon esprit se remplit de jour en jour de nouvelles questions, peut-être pesantes pour le commun des mortels, mais qui me paraissent à moi plus légères que jamais après tant d'années de tourments. De quoi sera fait mon avenir ? Quel sera mon métier ? Quand vais-je pouvoir revivre avec mes enfants ? À quoi ressemblera notre nouveau logement ? Quelle sera ma vie, ma nouvelle vie ?

C'est à mes trésors, bien sûr, que je pense d'abord. Ils sont « placés », depuis mon incarcération. Je les reçois un week-end sur deux, dans un centre de réinsertion sociale de Douai où l'on m'a trouvé un petit studio après la prison. Au moment où j'écris ces lignes, j'ai le cœur qui bat car je sais que je vais les revoir demain, que nous nous embrasserons très fort, que nous dînerons en riant, que samedi nous irons ensemble à la piscine où j'ai déjà réservé nos entrées…

J'ai beaucoup à rattraper avec eux. Du temps et du bonheur, d'abord. Nous avons été séparés pendant près de dix-huit mois quand j'étais incarcérée et nous avons vécu à l'ombre du monde pendant toutes ces années de violences conjugales. Je les ai toujours aimés de tout mon cœur, ils sont ma fierté et les piliers qui m'ont maintenue debout tout au long de mon calvaire. J'ai tout fait pour qu'ils soient le plus heureux possible (devrais-je dire « le moins malheureux possible » ?), mais nous n'avons jamais eu le droit d'aller à la piscine ensemble. Leur père n'a jamais rien partagé avec eux, pas même un pique-nique ou une sortie au jardin d'enfants, et je ne peux m'empêcher de penser qu'à cause de moi et de mon silence, ils ont eux aussi vécu un cauchemar.

Nous reconstruisons lentement mais sûrement nos vies. Et je suis pleine d'espoir. Car j'ai au moins une certitude désormais : la crainte de ne pas voir grandir mes enfants est écartée. Et pour eux, maintenant, je veux faire des projets. Les récupérer. Trouver un logement. Apprendre de nouvelles recettes de cuisine pour leur faire plaisir. Un jour nous serons réunis sous le même toit. Je le sais. Le juge des enfants, les services sociaux qui me suivent et m'aident à me restructurer, mes avocates qui continuent à m'apporter leurs conseils, tous me donnent envie de me battre pour y parvenir. Et j'y arriverai. Je ne serai plus une femme à terre. Je me

*Comprendre et expliquer*

tiendrai debout. Pour eux et pour moi d'abord, mais également pour les femmes battues qui pourraient lire ce livre.


Mes avocates m'avaient prévenue : « Ce procès doit être médiatisé car il peut servir d'exemple. » Maintenant que je l'ai vécu, je comprends qu'elles avaient raison. M. Luc Frémiot, que mon père voudrait pouvoir « cloner pour qu'il y ait plus d'hommes comme lui sur cette Terre », Mme Catherine Schneider, la présidente, qui a accepté qu'à titre exceptionnel des caméras pénètrent dans sa salle d'audience, mes avocates, que mes enfants appellent désormais mes « fées », nous avons tous remporté une grande victoire. Et cette victoire est celle de toutes les femmes battues.

La plupart des journalistes qui ont eu à rendre compte de mon procès ont dit ou écrit : « Ce fut un procès atypique » ; « La justice vient de rendre un verdict exceptionnel » ; « C'est une première judiciaire ». J'ai lu et entendu la plupart de ce qui a été raconté sur mon affaire. Je ne souhaite évidemment en tirer aucune gloire, mais ce serait de la fausse modestie que d'affirmer que cela m'a laissée insensible. J'ai souvent eu la gorge serrée en lisant ou en écoutant les commentaires des uns et des autres. Quand on a perdu l'habitude d'être comprise, la moindre attention est un choc émotionnel intense. Je n'ai qu'une fierté : celle d'avoir mené – avec ceux qui m'ont aidée – le combat de mon procès. Pour moi, bien sûr, mais aussi pour les autres.

*Acquittée*

À l'un des journalistes venus m'interroger à l'issue du procès pour savoir si j'acceptais « le rôle de porte-parole des femmes battues », j'ai répondu : « Ce n'est pas facile car c'est un statut dont on n'a pas envie, le statut de victime. Pourtant il est évident que je porte quelque chose sur les épaules…Mais il va me falloir un chariot à roulettes pour trimballer tout ça ! » Aujourd'hui, avec quelques mois de réflexion en plus, je ne sais pas si je suis la mieux placée pour revêtir le costume de « porte-parole », mais je donnerais cher pour que, simplement, mon histoire ne serve pas à rien. Et si seulement mon témoignage pouvait sauver une victime de la violence conjugale, ne serait-ce qu'une seule, alors je saurais qu'il n'a pas été vain.

Je ne me berce pas d'illusions. Je sais que le combat pour que cessent les violences conjugales sera encore long, très long, et je ne suis même pas certaine qu'il puisse être gagné un jour. Je me souviens que quelques semaines après le verdict qui m'acquitta, un autre procès semblable au mien se tenait ailleurs en France. Une histoire qui me semblait en tous points similaire à la mienne. Une histoire de femme battue qui, à bout de forces, avait fini par tuer son mari d'un tir d'arme à feu. Elle a été condamnée à cinq ans de prison…

\*
\* \*

J'ai décidé d'écrire ce livre dans le seul but d'apporter ma pierre à l'édifice du combat pour les

*Comprendre et expliquer*

femmes battues. Je ne suis qu'une fille du Nord. Du Douaisis. Entre Lens et Valenciennes. J'ai trente ans. Je n'ai de leçons à donner à personne.

Ma vie aurait pu être une vie ordinaire : des parents divorcés mais une enfance heureuse, un père tôlier chez Renault, une mère à la maison, un grand frère et une grande sœur avec qui j'aimais chahuter quand nous étions petits, une scolarité plus que convenable...

Et un jour j'ai rencontré un homme violent.

Cela pourra paraître inconcevable à certains mais je n'ai pas en mémoire d'instants vraiment heureux partagés avec lui – en tout cas rien qui me vienne spontanément en tête. Nous avons pourtant vécu douze années côte à côte. Nous nous sommes pourtant aimés, certainement, au moins dans les premières années. Il y a bien eu, à nos débuts, quelques soirées passées devant la télévision en regardant un film sur DVD. Il y a peut-être eu aussi quelques rires échangés lors de chamailleries entre les jeunes amoureux que nous étions ou à l'occasion de conversations avec des amis... Et après ? Ces moments sans violence ont évidemment existé et je m'efforcerai de ne pas les occulter quand viendra le moment de les rappeler, mais est-il normal qu'une femme qui a partagé plus d'une décennie de sa vie avec le père de ses enfants ne soit pas capable d'en citer un seul sans faire un effort considérable de mémoire ?

Une jeune femme avec qui je me suis liée d'amitié dans le centre d'hébergement et de réinsertion sociale où j'ai été placée après mon incarcération m'a un jour donné son explication sous la forme d'une image qui m'a paru très juste. Et elle savait de quoi elle parlait ! Victime de maltraitance de la part de son père jusqu'à sa majorité, elle avait ensuite été violée avant de reprendre pied dans notre centre d'accueil. Cette jeune femme, donc, m'a expliqué qu'elle et moi avons vécu tellement de mauvais moments que nous avons inconsciemment fait table rase du passé. Cela signifie, dans des situations comme la nôtre, que l'on occulte tout, y compris les bons souvenirs. Alors quand il s'agit d'évoquer ce que nous vivions, nous avons beau chercher, rien ne vient. Mon amie a dit : « On a tellement utilisé le blanc correcteur qu'il faut gratter des couches et des couches pour retrouver trace du passé, et plus encore pour trouver trace de bonheurs. »

Mes proches me disent aujourd'hui que je suis une femme rigolote, pleine d'ironie sur son sort, joyeuse, et que parfois même il m'arrive de faire « la fofolle ». Eh bien lorsque je m'amuse, maintenant, je me rends compte à quel point, jusqu'ici, je ne me suis jamais amusée dans ma vie d'adulte. Et pourtant je croyais l'avoir fait. C'est aussi cela la violence conjugale : l'illusion que l'on cultive, à force de se soumettre aux volontés d'un homme, de vivre une vie « à peu près normale ».

Si je me laissais aller à faire un peu d'humour noir, je dirais que les seuls souvenirs que je ne peux chasser se trouvent sur mon corps. Sur mes tibias par exemple. Ce sont des bleus et des marques rougeâtres. Des traces de coups de pied donnés avec des chaussures de sécurité. Il m'est impossible de les dater précisément – il y en a eu tellement – mais je me souviens que ces douleurs-là m'avaient fait souffrir et boiter pendant plusieurs jours. C'était il y a plus de quatre ans, et il en reste les marques.

Je ne veux pas apitoyer sur mon sort. Je sais qu'il y a pire que ce qui m'est advenu. Je suis encore vivante. J'aurais pu ne pas me sortir de ce calvaire. Je pourrais être encore sous l'emprise de mon mari et continuer à me taire. Et puis il y a tellement d'atrocités dans notre société. Quand j'étais encore engluée dans mon cauchemar, il m'arrivait de lire *Le Nouveau Détective*, un hebdomadaire exclusivement consacré aux faits divers les plus sordides. Est-ce que j'y cherchais inconsciemment du réconfort en parcourant des histoires encore plus douloureuses que la mienne ? C'est possible. En tout cas cela me peinait toujours de lire la souffrance des autres, en particulier celles des enfants. Mais surtout – et cela montre dans quel état de « déni » de ma propre souffrance je me maintenais –, jamais je n'ai pensé une seconde que j'aurais pu avoir ma place dans ce magazine.

Je ne peux plus lire ce journal. Je n'en ai ni l'envie, ni le courage. Les affaires d'assassinats pour de stupides histoires de jalousie, les enfants innocents molestés et torturés, les femmes maltraitées et violées... tout cela m'est devenu insupportable. Je fais désormais partie du monde des gens ordinaires qui ne peuvent plus tout admettre et tolérer.

À la lecture de mon récit, il se trouvera forcément des passages où certains penseront : mais comment a-t-elle pu se laisser faire à ce point ? Pourquoi n'a-t-elle pas réagi ? Est-il possible d'être aussi bête et faible ? Que l'on soit d'accord : je me pose exactement les mêmes questions aujourd'hui. Mais aujourd'hui n'est pas hier.

Quand j'ai le malheur de revoir le visage de celui qui m'a maltraitée pendant tant d'années – ne serait-ce qu'une image furtive sortie de ma mémoire – je suis saisie de nausée. J'ai peur, encore. Le visage que j'entr'aperçois dans les brumes de mes souvenirs porte un regard sombre et menaçant, celui qu'il avait dans les pires moments. Je voudrais modifier cette image, mais je n'y parviens toujours pas, et cela me fait souffrir. J'ai croisé son « vrai » visage une seule fois ces derniers mois. C'était un portrait de lui dans le fameux reportage de l'émission *Sept à huit*. En l'espace d'un millième de seconde, j'ai croisé son regard. Et dans ses yeux, je n'ai vu que sa méchanceté, sa fureur, les abominations dont il était capable et ses coups. Je n'ai pu faire autrement que de tourner la tête.

J'ai dû récemment trier nos photos de famille pour les ranger dans des cartons en attendant mon futur déménagement. N'importe qui aurait jeté un coup d'œil, même au hasard, sur ces clichés qui racontent une vie, mais je n'en ai pas eu la force. Je

*Comprendre et expliquer*

les trierai de nouveau un jour, je suppose, et j'espère alors que je serai capable d'en conserver quelques-uns sur lesquels l'homme dont j'ai partagé la vie apparaît. Il faudrait que j'y parvienne, ne serait-ce que pour les enfants, pour qu'ils puissent un jour retrouver une image de leur père. S'ils le souhaitent.

J'ai une autre difficulté : je ne peux plus prononcer le nom de mon ex-mari. L'écrire passe encore s'il le faut mais cela reste difficile pour moi. Que cela soit dit, donc : sa véritable identité est Marcelo Guillemin. Mais tout le monde l'appelait Marcelino. Question d'habitude. Ses parents l'avaient voulu ainsi (il était le dernier de la famille) et personne n'a vraiment songé à le prénommer autrement.

Comme tout le monde, c'est ce surnom que j'utilisais le plus souvent pour communiquer avec lui. Quelqu'un m'a demandé s'il m'est arrivé de l'appeler « chéri » au cours de notre vie commune. Cela a dû se produire, oui, mais alors dans les tout débuts de notre relation, peut-être même uniquement les premiers mois. En préparant ce livre, j'ai cherché une solution pour le désigner mais je ne crois pas en avoir trouvé de satisfaisante. Alors j'ai choisi de m'adapter en fonction de mon humeur de l'instant, de la nature des faits évoqués et des sentiments que ceux-ci m'inspireraient. Ce sera donc : « Marcelino », « mon mari » ou « mon ex-mari » dans les passages les moins douloureux ; mais aussi « il », « lui », « ce monsieur » voire « l'autre » quand je ne pourrai faire autrement.

Comment m'appelait-il, déjà ? S'est-il lui-même une seule fois adressé à moi en disant « chérie » ? Je ne le crois pas. Peut-être au début, là encore, mais je ne m'en souviens pas. Quand il était « calme », dirai-je, il devait simplement m'appeler par mon prénom, Alexandra. Pour le reste, j'avais droit à toutes sortes de surnoms plus désagréables les uns que les autres, pour ne pas dire à des insultes. Je n'en ferai pas le tour ici mais il faut bien, une fois pour toutes, que certaines soient dites. Pendant des années, je n'ai été dans sa bouche que « grosse vache », « feignasse », « traînée » ou « sale pute ».

*

* *

Je comprends qu'il soit peu concevable qu'une femme puisse vivre si longtemps avec un homme qui la traite ainsi. C'est tout l'objet de ce livre. Comprendre et expliquer. Comprendre la violence conjugale (celle que j'ai connue en tout cas) et expliquer l'emprise que peut exercer un mari violent sur son épouse.

Combien de temps l'ai-je aimé ? Difficile à dire. Je sais seulement que j'ai progressivement cessé d'avoir des sentiments pour lui mais aussi, et surtout, que j'ai très longtemps espéré – jusqu'au dernier jour peut-être – qu'il finirait par changer.

Nous avons connu des moments d'horreur (beaucoup), d'autres de tranquillité (plus rares) et même, je dois l'admettre, des instants de complicité (exceptionnels), mais rien n'a changé. Nous avons vécu en

*Comprendre et expliquer*

caravane, en appartement, dans une maison déla-
brée, dans une autre plus que confortable, mais rien
n'y a fait. Je n'ai jamais pu me défaire des injures en
tout genre, des humiliations et, bien sûr, des coups.
J'en assume ma part de responsabilité.


Ce livre n'est pas un cri de vengeance contre
« lui ». Et si parfois elle pointe le bout de son nez
entre les lignes, elle n'est que le fruit de beaucoup de
rancœur (contre lui et contre moi-même), de regrets
et plus encore de tristesse.

Après le procès, un journaliste a écrit : « Durant
ces trois jours d'audiences peu banales, Alexandra
Lange a très peu chargé son défunt mari. Les amis,
les familles, les voisins, en revanche, s'en sont occupés... » J'ai choisi d'écrire dans ce même esprit car
j'ai compris aujourd'hui qu'il est inutile pour moi
d'en rajouter. Les faits prennent ma défense, m'a-
t-on dit.

– 3 –

## Deux êtres bancals

Nous sommes en mars 1997. Aurélie, une amie du lycée, m'a proposé de venir la voir chez ses parents pour que nous passions l'après-midi ensemble. J'ai parcouru à pied et l'esprit léger les trois ou quatre kilomètres qui séparent le domicile de ma mère à Aniche, une petite commune perdue entre Lens et Valenciennes, et celui de ma copine à Émerchicourt, un village voisin d'à peine un millier d'habitants. Comme prévu, nous avons passé un agréable moment ensemble à disserter sur nos cours ou nos amours comme le font toutes les adolescentes. Nous n'avons pas vu filer le temps et Aurélie, en bonne amie qu'elle est, s'est proposé de me raccompagner.

Nous marchons en continuant nos interminables discussions quand nous croisons, sur le bord de la route, l'une de ses connaissances. C'est

*Acquittée*

un homme manifestement bien plus âgé que nous. Il vient d'apparaître à la sortie d'un vaste terrain occupé par quelques caravanes et une petite maison auxquelles je n'ai jamais véritablement prêté attention auparavant. Aurélie le salue, échange avec lui quelques banalités d'usage, et me le présente. Il s'appelle Marcelino. Et je tombe immédiatement sous son charme. En quelques minutes de conversation. Il est un peu plus grand que moi, ni costaud ni maigre, brun et, surtout, il présente un visage qui me plaît dans la seconde. Il a des yeux rieurs, toujours un début de sourire aux lèvres et une façon de se mouvoir légèrement efféminée qui me fait dire que cet homme doit être doux. S'en aperçoit-il ? Le fait est qu'il se tourne souvent vers moi et que je me demande déjà s'il ne cherche pas à me draguer. Et moi qui suis d'ordinaire d'une nature réservée, je n'essaie pas de fuir ses plaisanteries anodines qui, c'est vrai, m'amusent.

Notre première rencontre n'a pas duré plus de cinq minutes mais, autant le dire simplement en employant une des expressions qui étaient les nôtres à l'époque entre filles, « j'en pince déjà pour lui ». Et puis il y a autre chose. Un élément tout à fait inexplicable, pour ne pas dire irrationnel : au cours de nos brefs échanges, j'ai compris que cet homme faisait partie de la communauté des gens du voyage. Et cela m'intrigue. Peut-être même que cela me fascine.

*Deux êtres bancals*

Je ne connais rien de ce Marcelino et pourtant, dès que nous nous retrouvons seules avec mon amie, je lui confie que j'ai déjà hâte de le revoir. C'est ainsi que je prends l'habitude, en me rendant chez Aurélie, de ralentir le pas en passant devant le terrain aux caravanes et de le saluer quand je devine sa silhouette au loin. S'il n'est pas là, je suis déçue et il me tarde déjà d'être à la prochaine fois. Et puis un jour, deux ou trois semaines tout au plus après notre rencontre, alors qu'Aurélie m'accompagne une nouvelle fois, il s'avance. A-t-il profité de la présence de ma copine pour venir vers nous ? Est-ce moi qu'il vient voir ? Je ne l'ai jamais su. Quand je lui ai posé la question, bien plus tard, il m'a affirmé qu'il m'avait à peine remarquée...

Quoi qu'il en soit, il nous propose ce jour-là d'aller boire un café dans sa caravane, ce que nous acceptons avec plaisir. Et c'est là que je découvre toute une partie de sa vie. Autour de nous, il y a deux enfants. « Ce sont les miens, Sabrina et Kévin », lâche-t-il comme si cela n'avait pas grande importance. Il m'explique aussi qu'il est le père d'une autre fille, plus grande, une enfant de son ex-femme qu'il a reconnue. Il est donc divorcé... « Enfin, en instance de divorce », précise-t-il. Cela fait tout de même beaucoup de nouvelles d'un seul coup ! Et cela me contrarie. Énormément. Pourtant cela ne diminue en rien le « béguin » que j'ai pour cet homme. Je n'ai que dix-sept ans. Il en a quatorze de plus. Cela aurait dû définitivement refroidir mes ardeurs, mais c'est tout le contraire qui se produit. Pendant plus d'une heure, tout en buvant mon café,

55

*Acquittée*

je l'écoute nous raconter sa vie d'hier et surtout celle d'aujourd'hui, ses voyages, sa caravane, ses projets de forain… Ce garçon m'impressionne. Il a déjà vu tant de choses, a déjà tellement d'anecdotes à raconter que j'en perds mon sens du jugement. Pour tout dire, je suis émerveillée pas son mode d'existence et ce qui me semble être sa… maturité.

\*
\* \*

Nous n'avons pas tardé à entretenir une relation intime. En deux semaines, l'affaire était entendue. Nous nous fréquentions toujours chez lui, sur le terrain des caravanes où je me rendais au moins deux fois par semaine, en tout cas les mercredis et samedis parce que je n'avais pas cours ces jours-là. Notre écart d'âge ? Je m'en fichais. Les risques de voir ma fin d'année de première, au lycée, compromise par les heures passées avec lui ? Je pouvais bien m'en accommoder. Je n'avais qu'une idée en tête : le rejoindre.

Très vite, j'ai fait la connaissance de son père, Joseph, qui était en fait le propriétaire du terrain mais qui logeait, lui, dans la petite maison en dur. J'ai rencontré l'un de ses frères, Claude, qui vivait avec sa famille dans des caravanes voisines de celle de Marcelino. Leurs quatre autres frères et sœurs ne s'étaient jamais sédentarisés et continuaient à vivre sur les routes. Je dois dire que j'étais fascinée par les coutumes des gitans, l'organisation du quotidien en caravane, les exigences de la vie en collectivité, la possibilité de « partir » à chaque instant. Tout cela était tellement nouveau pour moi, si différent de ce que je connaissais ! Du haut de mes dix-sept ans, je voyais dans cette existence une forme de liberté que je voulais goûter. Et tout s'est enchaîné très vite. Trop vite, évidemment.


Chez les gitans, quand une femme tombe amoureuse d'un des leurs, elle doit venir vivre à ses côtés. C'est ce qu'il m'a expliqué. J'ai beaucoup hésité bien sûr car, hormis quelques flirts sans lendemain, il était mon premier homme. Et puis cela ne risquerait-il pas de compromettre un peu plus encore la suite de ma scolarité et, par effet de ricochet, mon avenir ?

Mais j'ai cédé. Il me promettait tellement monts et merveilles ! Je poursuivrais mes études, jurait-il, je passerais le bac, et pourquoi pas le permis de conduire dès que cela serait possible. Il disait que l'on aurait un jour une maison, des enfants et que je travaillerais. Je me doutais que nous ne gagnerions jamais des mille et des cents, mais ce que je pouvais imaginer me suffisait. À dix-sept ans, je n'avais jamais rêvé d'autre chose que d'une vie de famille confortable et heureuse.

Comment n'ai-je rien vu venir ? Comment ai-je été assez naïve pour tomber dans ce piège si grossièrement tendu ? Cet homme que je ne connaissais pas quelques mois plus tôt avait parfaitement compris ce qu'il fallait dire pour me convaincre. Il savait pertinemment que je rêvais de tout ce qu'il me promettait et que mes parents le souhaitaient aussi pour moi.

Avec le temps, j'ai fini par comprendre pourquoi il avait tant désiré que je fasse ma vie avec lui. Ce monsieur, en instance de divorce, avait un besoin irraisonné de prouver à son entourage et à lui-même qu'il était « un mec », un vrai, et que, comme tout vrai mec qui se respecte, il devait avoir une femme à la maison. Au final, je n'ai jamais vu se réaliser la moindre de ses promesses. Je n'ai ni bac, ni permis de conduire, ni travail… Je n'ai rien de tout cela. Oui mais voilà : j'y suis allée. Et je sais aujourd'hui ce qui m'y a véritablement poussée, plus encore que ce désir un peu puéril de « liberté » : je me sentais mal aimée par ma mère.

27 août 1997. Je n'ai jamais pu chasser cette date de ma mémoire. Je suis partie ce matin-là pour le retrouver, comme cela m'arrivait presque tous les jours en cette fin de grandes vacances estivales. Je devais rentrer le soir et peut-être que je ne reviendrais que le surlendemain car il fallait que je prépare mon entrée en terminale. Dans la journée, il m'a demandé de vivre avec lui. Comme ça, aussi simplement. Il m'a dit que, « chez eux », cela se passait toujours de cette façon. Je me suis décidée en quelques heures. Je n'ai pesé ni le pour, ni le contre, j'ai juste suivi ce que mon cœur me commandait. Je n'avais rien d'autre sur moi que mes vêtements du jour, mais cela ne m'a pas dissuadée. Il n'a pas eu besoin de me menacer d'une rupture pour me convaincre.

*Deux êtres bancals*

Il savait y faire. Des paroles pour rassurer et des promesses pour me faire fléchir ont suffi.

*
* *

Je compose le numéro de téléphone de ma mère. Je suis inquiète, j'ai peur de sa réaction. J'ai marché de longs kilomètres pour trouver une cabine téléphonique et, cette fois, j'ai eu le temps de réfléchir ! Elle décroche. Je n'y vais pas par quatre chemins : « Je ne rentrerai pas dormir à la maison parce que j'ai rencontré quelqu'un. Je vais vivre avec lui. » Évidemment elle est furieuse et me demande de qui il s'agit. Alors je lui explique tout. Notre rencontre, depuis combien de temps, qui il est, son nom…
Elle m'interrompt. Elle connaît la famille. Le « clan », comme elle dit. « Des gens du voyage ! », s'exclame-t-elle avec mépris. Pour elle, ce sont des personnes « sales » et « malsaines », et je suis « devenue folle ». Je ne veux pas en entendre davantage. Je sais comment elle peut être : dure, arbitraire, têtue et sans discernement. C'est sans doute pour ces raisons-là, entre autres choses, que le couple qu'elle formait avec mon père n'a pas tenu. Tiens, justement : avant de raccrocher, elle m'ordonne d'appeler papa car elle se doute, comme moi, que la partie sera encore plus dure avec lui. Décevoir ma mère passe encore. Contrarier mon père sera une autre affaire.

*Acquittée*

Je prends mon courage à deux mains et je l'appelle à son tour. Et là, ce n'est pas une colère qui s'abat sur moi, mais la rage furieuse d'un papa qui sent que sa fille est en train de faire une énorme bêtise. Pour lui, il est « hors de question » que je me laisse entraîner par le premier inconnu qui passe, qui plus est un gitan ! Et il me menace : « Tu vas faire demi-tour, tu vas continuer tes études, et on n'en parle plus ! Je te promets : si tu ne rentres pas chez ta mère, gare à toi ! »

Je tente de calmer sa fureur mais je ne fais que l'amplifier et, en quelques phrases, je comprends qu'il sera capable de tout pour me ramener à la raison. Alors je panique. Je connais trop bien mon père pour ne pas savoir que c'est un homme qui peut s'emporter. Et je sens que, ce coup-ci, il est hors de lui. Complètement affolée, je fais une autre grosse bêtise : je raconte à Marcelino la teneur de la conversation que je viens d'avoir avec lui. Ni une, ni deux, il m'enjoint d'aller porter plainte ! C'est pour me protéger, dit-il. Et je le crois. Alors j'y vais… Accompagnée de mon nouveau « compagnon », je me rends à la gendarmerie de Denain, à quinze kilomètres de chez nous. J'explique que j'ai décidé de me mettre en ménage avec un homme, que mon père a proféré des menaces et que j'ai peur pour « nous »…

Ce n'est que beaucoup plus tard que je me suis rendu compte que j'ai agi contre mon père ce jour-là. Dans l'instant, je ne pensais qu'à une chose : pouvoir vivre la vie que j'avais choisie. Heureusement, il a su, depuis, me pardonner cette idiotie de jeunesse. Qu'il en soit, ici, encore une fois remercié.

60

*Deux êtres bancals*

Il a fallu du temps, des discussions, des promesses, des palabres à n'en plus finir, et même une
réunion de (ré)conciliation pour que mes parents
acceptent mon choix. Nous nous sommes retrou-
vés à cinq : eux, « lui », moi et un ami de la famille
qui s'était proposé de jouer le médiateur. Nous
étions dans le salon de ma mère. Tout le monde
avait accepté de « discuter » et de « s'écouter ».
Autant dire que l'ambiance était tendue. Ma mère
avait servi le café et ne disait pas grand-chose.
Mon père, lui, répétait les mêmes questions,
d'abord sèchement et visiblement très énervé :
pourquoi je voulais partir ? Pourquoi si vite ?
J'expliquais de mille manières que j'étais tombée
amoureuse de ce monsieur et, surtout, que je ne
souhaitais plus rester vivre chez ma mère. « Lui »
se jetait alors à mon secours en promettant que je
continuerais à suivre les cours, que j'irais jusqu'au
bac comme prévu, que je pourrais même prendre
des leçons de conduite, etc. Il avait une telle façon
de présenter les choses qu'il a réussi à convaincre
mon père ! Pour ce qui est de ma mère, je crois
qu'elle était finalement un peu dépassée par les
événements.

J'ai récupéré quelques affaires personnelles (deux
sacs de vêtements, deux ou trois bibelots et quelques
peluches) et nous nous sommes séparés, sans doute
pas bons amis, mais en tout cas en moins mauvais
termes. J'étais soulagée. Il n'y avait pas eu de bain
de sang.

*

* *

Mes premières semaines de vie en caravane ont été une grande bouffée d'oxygène. Je me sentais bien sur ce terrain parfaitement entretenu et dans cette caravane que je jugeais plutôt confortable. On se serait cru au camping ! Je passais mes journées à travailler mes cours et, surtout, à entretenir mon nouvel intérieur en dépoussiérant, briquant et arrangeant ce qui était désormais mon espace de vie. J'étais une véritable petite femme d'intérieur et, déjà, je développais ce sens aigu de la propreté domestique qui deviendra un de mes traits de caractère. Lui, c'est vrai, ne faisait pas grand-chose, si ce n'est regarder la télévision. Mais je ne me plaignais pas. J'étais « chez moi », « avec lui », et cela me suffisait. Nous n'avions pas de grandes discussions sur Freud ou Mozart mais nos conversations les plus anodines et nos soirées à deux devant un film me plaisaient.

Et puis il y avait Claude, son frère, qui travaillait sur les marchés de la région et qui vivait juste à côté de nous avec sa femme et ses quatre enfants, des êtres tout à fait charmants, toujours prêts à rendre service et souriants. J'aimais discuter de tout et de rien avec eux, au pied de l'une ou l'autre de leurs trois caravanes, dès que j'en avais un peu le temps. Il y avait aussi un autre de ses frères, qui était venu poser là sa caravane pour quelques jours, ou encore l'une de ses nièces et un cousin, qui s'arrêtaient quand ils étaient de passage. Ainsi se sont écoulés mes deux premiers mois de « femme libre ».

*Deux êtres bancals*

Deux mois seulement. Et un jour, le premier coup est tombé.

J'ai surpris mon compagnon en train de regarder un film pornographique. Et pas seul. Il était avec un garçon de dix ans, le fils d'un couple d'amis à lui, des voyageurs qui venaient de nous rendre visite et qui nous avaient laissé leur petit dernier pour deux ou trois jours. J'étais choquée, évidemment. Qui ne l'aurait pas été ? Je lui ai immédiatement fait savoir que je n'appréciais pas qu'il regarde ce genre de « trucs » et, surtout, que ce n'étaient pas des films à montrer à un gamin. Chose à peine croyable, il s'est senti vexé. Il m'a d'abord rembarrée sèchement et, parce que j'insistais, a commencé à m'injurier. J'ai dû lui dire quelque chose comme : « Ne me parle pas comme ça ! » Et il s'est brutalement rué sur moi.

Il était soudain comme une bête enragée. Dans mes souvenirs, je le vois me gifler, hurler, me frapper, me dire de me taire, puis me frapper de nouveau. Je me vois essayer de crier, d'appeler au secours, mais la fréquence de ses coups étouffait mes mots. Je me vois me recroqueviller sur moi-même. Et je le vois continuer à me frapper. À coups de poing. La suite, je ne la connais pas. Je sais simplement que je me suis réveillée en pleine nuit. Allongée sur le sol, exactement à l'endroit où il s'était déchaîné sur moi. J'avais peur et je tremblais.

Ce soir-là, j'ai fait connaissance avec la violence conjugale. Sans savoir ce que c'était. J'aurais dû

*Acquittée*

partir sur-le-champ. Je le pouvais. Mais je ne l'ai pas fait. Allez savoir pourquoi. L'amour ? Sans doute (la seule évocation de cette idée me donne le vertige aujourd'hui). Le sentiment que cela n'était qu'un « accident » qui ne se reproduirait plus ? Certainement.

J'ai pourtant été prévenue. Quelque temps après cette scène, son frère Claude, que je voyais sur le terrain mais qui ne venait jamais dans notre caravane, m'a fait une confidence qui aurait dû me convaincre définitivement de plier bagage. À l'occasion de l'une de nos conversations, cet homme bon m'a dit que Marcelino était un être épouvantable et qu'il fallait que je m'en méfie comme de la peste. Au passage, il m'a expliqué qu'ils ne se parlaient plus depuis des années bien qu'ils soient liés par le sang et qu'ils vivent à quelques mètres l'un de l'autre : « Tout ça parce que j'ai osé lui dire qu'il est un fainéant. Mais *c'est* un fainéant ! » Et il ajouta que leur père Joseph n'avait pas une meilleure opinion de lui. Et même qu'il en avait peur. « Ce n'est pas quelqu'un pour toi. C'est un homme méchant. Tu ne seras pas heureuse. Pars pendant qu'il en est encore temps », conclut-il.

Je n'en ai fait qu'à ma tête. Je n'ai pas voulu le croire. Je disais : « Ce n'est pas vrai. » Et je pensais : « Il était si gentil et attentionné jusque-là. C'est une erreur, il ne le fera plus. » J'étais tout bêtement amoureuse. Ça m'a fait perdre l'esprit. Et puis il avait trente et un ans, je n'en avais que dix-sept. J'étais jeune, naïve et stupide. J'étais persuadée qu'il ne recommencerait pas.

Jusqu'à ce que qu'il recommence. Je ne sais même plus combien de temps après, probablement quelques semaines. Je ne me souviens pas non plus quel genre de coups j'ai subis cette deuxième fois. Il y en a eu tellement depuis… Je sais seulement une chose : cette deuxième fois, j'ai laissé la violence conjugale faire partie de mon existence.

\*

\* \*

Je ne suis pas allée au bout de mon année de terminale. Après trois mois de vie commune, j'ai perdu le goût d'étudier. Je n'arrivais plus à suivre les cours. C'était devenu lourd, dur et compliqué. Entre le ménage à faire, les repas à préparer, le linge à laver, l'entretien de la caravane à assurer, mes journées étaient vite remplies. Alors j'ai décidé d'arrêter mes études. Du jour au lendemain. « Il » ne s'y est pas opposé.

Je l'ai fait pour lui. Parce que je voulais croire que cela pourrait arranger les choses. Et ma vie s'est brutalement résumée à ce terrain semé de caravanes.

Quelques années auparavant, peut-être même quelques mois, jamais je n'aurais imaginé mon avenir ainsi. Je voulais prendre le temps de faire des études, profiter de ma jeunesse, et je me voyais déjà croquer la vie à pleines dents. Je voulais suivre les cours à l'Institut universitaire de formation des

*Acquittée*

maîtres (IUFM) pour devenir institutrice. Je m'en sentais capable. J'ai toujours été à l'aise avec les enfants et je reste convaincue que j'aurais pu être une bonne maîtresse...

On n'arrête pas ses études parce que l'on rencontre un homme, me direz-vous, tout comme mes parents me l'ont répété maintes et maintes fois. Cela me paraît aujourd'hui assez évident à moi aussi. Et c'est l'un de mes plus grands regrets. J'ai foncé tête baissée. En quelques mois, je me suis retrouvée enceinte et je me suis mariée. Personne ne m'y a forcée. C'était pour moi la suite logique de notre rencontre, de notre vie commune et de l'amour que j'éprouvais, malgré tout, pour cet homme.

Notre union a été célébrée le 13 juin 1998 en la mairie d'Émerchicourt. Comme tous les futurs mariés, nous étions tendus et stressés par l'événement. Avec mon amie Aurélie et sa maman Rita, je m'étais appliquée à préparer le plus beau repas de fête qui soit, avec les maigres moyens dont nous disposions, et nous avions dressé une grande table dans la maison de mon beau-père Joseph. J'avais aussi dégoté une belle robe blanche dont je n'étais pas peu fière ! Et puis, pour la première fois, nous avions réuni autour de nous une quinzaine de membres de nos familles respectives. Hélas, aucun de ses cinq frères et sœurs avec qui il était en froid n'étaient là, mais Kévin et Sabrina, ses enfants, son père Joseph ainsi que deux de ses nièces s'étaient joints à nous. De mon côté, j'étais ravie d'avoir

*Deux êtres bancals*

réussi à rassembler ma copine et son petit copain, sa maman, mon frère, ma sœur, mon père accompagné de sa nouvelle compagne, Marie-Paule, et même ma mère que je n'avais pratiquement pas revue depuis que j'avais quitté précipitamment la maison. Je voulais que mon mariage soit un jour heureux, pour nous et nos invités, et je dois avouer que c'est ainsi que je l'ai vécu. Je me revois encore à la mairie, au moment des signatures de l'acte de mariage. J'étais émue comme toute nouvelle mariée et je souriais de ce sourire un peu crispé qu'ont la plupart des jeunes femmes en cet instant de grande émotion. J'étais remplie d'espoir et persuadée que tout allait s'arranger.

C'était un beau jour, oui, mais quand je revois aujourd'hui notre photo de mariage, je me sens évidemment triste. Je fais partie de ces femmes qui préfèrent chasser de leurs souvenirs le « plus beau jour de leur vie ». Sur cette image où nous nous tenons droit comme des I devant un grand gâteau blanc à la crème, je ne peux plus regarder le visage de mon mari. Je le cache en posant mon pouce dessus et je ne vois plus que le mien. Je suis jeune, frêle. Je me trouve belle. Mais je suis une enfant. Une enfant qui ne sait pas. Le plus frappant, c'est que je ne souris pas. Mon visage n'exprime aucune émotion. Comme si j'étais absente.

J'ai compris avec le temps que notre mariage n'était en réalité qu'une sorte de comédie dramatique. Personne, à part peut-être les enfants étant donné leur insouciance, n'était heureux d'être là. Car personne ne portait mon mari dans son cœur.

67

*Acquittée*

Ma sœur était venue alors qu'elle ne m'avait pas invitée à son propre mariage, un mois plus tôt, tout simplement parce qu'il était hors de question à ses yeux que « lui » aussi soit présent. Quant à mes parents, on sait ce qu'ils en pensaient. Je me souviens maintenant de la tête qu'avait fait ma mère en voyant la caravane dans laquelle je vivais, juste à côté de la maison en dur...

Cette réunion fut morne et monotone. Ce n'était pas un mariage convivial, chaleureux, comme cela aurait dû être le cas. Personne ne parlait. Les quelques phrases échangées ne semblaient être prononcées que pour briser le silence. « Lui », il était là, c'est tout, tentant au maximum de faire bonne figure face à ces gens qui ne lui montraient aucune sympathie. Il aidait à la mise en place des plats, se tenait à côté de moi, silencieux, et souriait autant que possible. J'imagine qu'il était heureux. Comme je croyais l'être.

*
* *

Nous avons vécu une vie de bohème. Et cela, je dois le reconnaître, ne me déplaisait pas. Je me sentais libre, indépendante et autonome. Une chose, tout de même, m'agaçait : « il » ne travaillait pas. Ou si peu. Il se rendait bien à quelques rendez-vous à l'ANPE pour suivre des formations (espaces verts, cuisine, etc.), mais je pense que, au fond, il n'y croyait pas vraiment et se contentait le plus souvent de ce que nous avions avec son RMI et d'une part

68

*Deux êtres bancals*

des allocations familiales que j'avais récupérée de ma mère.

Il n'y a qu'une activité qui pouvait le faire se lever le matin quand notre situation financière devenait alarmante : commerçant sur les marchés et pendant les ducasses, les fêtes traditionnelles de la région. Au tout début de notre vie de couple, il s'est par exemple mis en tête de vendre de la lingerie. Avec moi à ses côtés. Je ne connaissais rien à ce monde-là et, pour tout dire, cela ne me passionnait pas, mais je le suivais. Nous nous levions de bonne heure, nous buvions un café, nous chargions sa voiture de culottes en coton et autres dessous qu'il se procurait chez un grossiste du coin et nous nous précipitions sur les marchés de Somain, d'Aniche ou de Sin-le-Noble en espérant dénicher une petite place pour notre stand. Le principe était toujours le même : premier arrivé, premier servi. Et pour cela, c'est vrai, il était motivé. Avec lui, on pouvait faire le pied de grue une heure avant l'ouverture des ventes. Mais notre activité n'a pas duré. Au bout de quelques semaines, il a fallu se rendre à l'évidence : nos produits ne se vendaient pas suffisamment.

Un peu plus tard, il a trouvé un autre filon : vendre des friandises dans les fêtes foraines. Il avait cette fois récupéré une petite remorque dans laquelle nous pouvions préparer des barbes à papa, des pommes d'amour et des gaufres. Cela avait au moins le mérite de m'amuser davantage. Je me souviens que nous avions participé à la Fête de la fraise, au cours de l'été 1999, à Écaillon. Il y avait foule, avec évidemment beaucoup d'enfants. C'était

69

*Acquittée*

une belle journée, bien différente des matins gelés quand nous allions vendre nos petites culottes. Et puis nous avions connu un réel succès qui nous avait permis d'améliorer le quotidien pendant quelque temps. Malheureusement, encore une fois, notre commerce a fait long feu. Non pour des raisons économiques, mais parce que « monsieur » s'est lassé. Il a suffi de quelques vols de bonbons (importants, il est vrai) pour qu'il décrète que ce n'était pas une bonne affaire.

Je crois surtout que son frère avait raison : il n'aimait pas travailler. Il essayait – et sans doute se forçait-il un peu – mais il le faisait d'abord pour montrer à notre entourage et à sa famille en particulier qu'il n'était pas le fainéant qu'on l'accusait d'être. Quant à moi, j'aurais aimé avoir un emploi. Mais il n'a jamais voulu en entendre parler. « Chez les gitans, me disait-il, cela ne se fait pas. La femme, elle reste à la maison pour faire le ménage, les repas et s'occuper des enfants. Et si elle travaille, c'est auprès de son mari. » J'ai évidemment appris par la suite qu'aucune règle absolue n'était édictée en la matière et que, malgré le poids de la tradition, une femme gitane peut vraiment s'épanouir sans être collée à son époux. Je suis d'ailleurs aujourd'hui persuadée que c'est cette idée-là qu'il ne supportait pas : que je lui échappe. Déjà, je devais être « sa chose ». Je devais être « à lui ». Me laisser travailler aurait été prendre le risque que je fasse des rencontres, que je découvre autre chose que notre quotidien et, en fin de compte, qu'il perde son emprise sur moi.

*Deux êtres bancals*

Il serait malhonnête d'affirmer qu'il ne m'accordait aucune liberté. Dès les premiers mois de notre relation, il m'a fait découvrir « son » Église. Pas l'Église catholique dont je connaissais vaguement les préceptes par tradition familiale : l'Église évangélique, celle des gitans. Mon mari était très croyant. Il priait souvent, parlait de sa foi avec ferveur et souhaitait que je la partage. « Tu verras, tu vas aimer », m'avait-il dit. Par curiosité et parce que je voulais entrer dans l'univers de l'homme que je venais de rencontrer, j'ai donc assisté à une première réunion, puis très vite à une seconde, et bientôt je me suis convertie. Il ne s'était pas trompé.

J'ai immédiatement aimé les pieuses réunions de l'église d'Escaudain où nous nous retrouvions au milieu d'une cinquantaine de croyants dont les trois quarts étaient gitans. Le pasteur lisait un passage de la Bible, puis nous en faisait son interprétation, et alors l'assemblée se mettait à prier, à chanter, et à prier encore. J'étais à la fois impressionnée et emportée par ce chœur. Certains se recueillaient à voix basse tandis que d'autres lançaient des cris d'adoration, et tout le monde finissait par s'enlacer ! On entonnait des cantiques en langue manouche ou en français qui racontaient l'amour de Dieu et le don de Son fils unique pour sauver les chrétiens, et j'étais éblouie par la joie et la chaleur humaine qui se dégageaient de ces chants.

Je n'ai jamais pu me défaire de ma nature réservée, mais il est évident que je me sentais bien dans cette

*Acquittée*

église. J'y puisais du réconfort (la séparation de mes parents, la rupture avec ma mère, les coups que je recevais déjà avaient fait naître chez moi une espèce de mélancolie permanente) et surtout chacune de ces réunions me donnait l'occasion de partager des instants de sérénité, et même de joie, avec « lui ».

*
* *

Le retour à la vie quotidienne et bassement matérielle était une autre histoire. Car mon mari pouvait changer du tout au tout en quelques minutes. Je ne comprenais pas, d'ailleurs, qu'il puisse être aussi pieux et odieux à la fois. D'autant que, petit à petit, il s'est mis à boire de plus en plus. Dès le début, je l'avais vu s'ouvrir une bière de temps en temps et se servir plusieurs fois en pastis ou Martini, mais je n'y avais pas trop prêté attention et ne m'étais pas inquiétée. J'aurais évidemment préféré qu'il s'abstienne, certes, mais il n'y avait pas encore de quoi en faire un drame. Jusqu'au jour où j'ai accepté d'aller spécialement à la supérette pour lui rapporter une bouteille d'alcool parce qu'il n'y avait plus rien à boire dans nos placards.

J'ai commis beaucoup d'erreurs. Et celle-ci en est une de taille. Sans que je ne m'en rende vraiment compte, la « petite course de réapprovisionnement » est devenue une habitude. J'ai voulu protester, mais je n'ai rien pu lui faire entendre. Et très vite, je n'ai plus été en mesure de m'y opposer. Certains jours, même, je m'y suis pliée presque de bonne grâce car

*Deux êtres bancals*

je savais qu'une fois saoul il s'endormait rapidement. Je devais pourtant parcourir plusieurs kilomètres à pied pour acheter ces maudites bouteilles, mais je m'exécutais et, plutôt que de refuser d'y aller, je m'arrangeais pour alléger ma peine. Je profitais par exemple des occasions où mon père me rendait visite pour lui demander de m'accompagner en voiture jusqu'au magasin et, au milieu de ma liste de provisions, je glissais les boissons. J'en ai honte aujourd'hui car, en plus de lui dissimuler la vérité, j'osais accepter l'argent qu'il me proposait gentiment pour nous aider à boucler les fins de mois difficiles. Mon beau-père Joseph et mon beau-frère Claude m'ont aussi rendu service en jouant les chauffeurs. Ces gens-là avaient bon cœur. Je me souviens pourtant d'un jour où mon beau-père m'avait prise à part et m'avait dit : « Tu ne devrais pas lui rapporter d'alcool. » Et je me rappelle lui avoir fait cette réponse terrible : « Comment veux-tu que je fasse ? Si je ne lui en rapporte pas, il me tape dessus. »

En définitive, je ne sais pas réellement quand mon mari a commencé à boire. Une fois, il m'a dit qu'il avait « toujours bu » sans que je comprenne ce que cela signifiait vraiment. Puis il m'a expliqué, à plusieurs reprises, qu'il s'était mis à boire « à l'âge de neuf ans ». Il me racontait cela quand il était serein, calme et sobre. Peut-être quand il avait envie de changer. Ou quand il avait envie de me faire croire qu'il voulait changer. Je ne sais pas. Il pouvait dire des choses et penser l'inverse, je n'ai jamais réussi à le cerner. En tout cas cela fonctionnait, car plusieurs fois j'ai eu pitié de lui…

*Acquittée*

L'alcool n'a évidemment rien arrangé. Les disputes sont devenues l'une de nos routines. Si, au début de notre relation, ses attaques se limitaient le plus souvent à des insultes puériles (« imbécile », « idiote »…) et à de petites désobligeances gratuites (« fainéante », « incapable »…), elles se sont peu à peu transformées en injures d'une vulgarité sans nom (« grosse vache », « salope »…) dont je préfère omettre les plus immondes. Et je ne compte pas celles qu'il déblatérait en gitan et que je ne comprenais pas mais qui n'étaient certainement pas belles à traduire. Nous étions mariés depuis à peine quelques mois que j'étais déjà devenue le punching-ball de ses méchancetés. Il suffisait parfois que je lui demande de m'aider aux tâches du quotidien, que je lui fasse un reproche sur son comportement ou que je lui réponde de travers pour qu'il me lance l'une de ses piques fielleuses. Celles-ci pouvaient alors se transformer en hurlements si j'avais la mauvaise idée d'insister ou, au contraire, si je choisissais de le « laisser dire » en attendant que passe l'orage. En fait, je ne savais jamais sur quel pied danser car le plus souvent, que je lui réponde ou que je me taise, il finissait par se calmer. Jusqu'à l'assaut suivant.

La violence physique, je l'ai dit, était déjà entrée dans nos vies, mais elle ne s'est pas installée brutalement dans nos routines. Je n'ai pas essuyé des

*Deux êtres bancals*

avalanches de coups du jour au lendemain et sans discontinuer. La violence conjugale au sens premier du terme s'est immiscée pernicieusement. Par petites touches. Un coup par-ci, un coup par-là. Il commençait généralement en prétextant une simple plaisanterie : un coup de poing sur le bras « pour rigoler » ; un coup de torchon sur les fesses « pour me taquiner », disait-il. Drôle de jeu. Lui, ça le faisait rire. Moi pas du tout et je le lui disais. Mais il s'en moquait. Je dirais même que ça l'amusait plus encore. Car si par bonheur je lui reprochais de m'avoir fait mal, alors il recommençait de plus belle. Pourquoi agissait-il ainsi ? Quel « plaisir » y trouvait-il ? Je n'ai jamais réussi à me mettre dans la tête d'un mari violent, mais je crois que c'était sa façon à lui de me montrer qu'il existait. Avec ses jeux pervers, il se donnait de l'importance. Il « faisait son intéressant », comme disent les enfants. D'ailleurs, dans ces moments-là, j'ai vu apparaître à de nombreuses reprises un petit sourire de satisfaction sur son visage. Comme celui d'un gosse qui se moque de sa tête de Turc. Et je crois que c'était cela le plus humiliant.

Quand on joue avec le feu, on finit un jour par se brûler. Et ce jour-là, les (vrais) coups sont tombés. Sans crier gare. On ne « jouait » plus. J'ai dû lui répondre plus sèchement qu'à l'habitude, ou peut-être pas, mais en tout cas son « petit jeu » a dégénéré. Et il a dégénéré de plus en plus souvent. Pardonnez-moi cette facilité, mais voici un exemple pris au hasard pour que vous puissiez vous faire une idée.

— Fais le ménage, me dit-il en écrasant son poing contre mon bras.

— Je l'ai déjà fait…

— T'as rien foutu de ta journée, grosse vache !

— J'ai déjà nettoyé et tu viens de me faire mal…

— Sale p…, je te dis de faire le ménage !

— Mais je…

Et boum ! Une gifle, un coup de poing, un coup de pied… Je tentais de parer les coups autant que possible mais j'étais incapable de me défendre. Je me renfermais alors sur moi-même, physiquement et psychologiquement, en attendant qu'il arrête.

*
* *

Les maris violents sont des hommes machiavéliques. C'est sans doute pour cette raison, entre autres, qu'on ne les quitte pas plus tôt. Ils soufflent en permanence le chaud et le froid. J'ai pris tellement de coups en douze années de vie commune que je ne peux me souvenir de tous. Je me rappelle simplement qu'il y avait des périodes plus terribles que d'autres. Ses « chamailleries » façon coups de torchon sur les fesses pouvaient par exemple se répéter plusieurs jours d'affilée avant de disparaître un moment. Les scènes violentes, du moins les premiers mois, étaient plus espacées. Je pouvais même vivre des semaines, voire des mois, sans violence. C'est pour cela, entre autres, que j'ai « tenu » si longtemps.

*Deux êtres bancals*

Avec le recul de quelques années, j'ai le sentiment que tout s'est toujours mal goupillé dans ma vie de femme battue. Dès que je n'en pouvais plus, un événement me poussait à tenir encore un peu. Ainsi en fut-il au début de notre relation, quand je me suis trouvée enceinte.

Comme pour le mariage, il m'avait tellement répété qu'il voulait un enfant « tout de suite » que j'ai fini par le vouloir moi-même. Je n'avais jamais envisagé ma vie autrement que dans la peau d'une maman, mais j'aurais préféré attendre. J'étais encore très jeune, j'avais déjà fait le sacrifice d'arrêter mes études mais je venais de commencer mes cours de code pour passer le permis de conduire... Une grossesse remettrait donc à plus tard le seul projet dans lequel j'avais pu m'investir depuis que je m'étais installée avec « lui ».

Seulement, il savait choisir les mots qui font mouche pour ce genre de choses. Il disait que cet enfant contribuerait à notre bonheur. Il jurait que cela pouvait tout changer. Il affirmait qu'il n'y avait pas d'urgence à ce que je passe mon permis et que je pourrais le faire dès que le bébé serait là... Alors j'ai cédé. Et comme je ne parvenais pas à être enceinte, j'ai décidé de me faire aider par un traitement à base de progestérone. Et ça a marché. Je ne le regrette pas. Dès que mon bébé fut dans mon ventre, je me suis sentie comblée. Non seulement je ressentais ce que n'importe quelle future mère doit ressentir dans ce cas-là, mais en plus cela créait un nouvel espoir pour moi. Enfin quelque chose se concrétisait. Enfin quelque chose de positif allait se produire.

*Acquittée*

La grossesse s'est formidablement bien déroulée. Et je dois reconnaître que lui s'est montré à la hauteur. Il était présent à mes côtés, venait à chaque rendez-vous chez le gynéco, se montrait calme, presque zen, et ne cachait pas son impatience de voir notre enfant arriver parmi nous. Ce qui fut fait le 27 janvier 1999. Après les premières contractions, mon mari m'a conduite à l'hôpital de Denain en milieu d'après-midi. Notre petite Séphora est née de longues heures plus tard, en pleine nuit. Cela pourra paraître étonnant que je le souligne, mais il était toujours là. Et ce fut un formidable moment. Nous nous sommes embrassés comme si nous étions deux parents ordinaires.

\*
\* \*

Avons-nous jamais été, lui et moi, « ordinaires » ? C'est-à-dire « normaux ». Dans la norme. Quelle chose prédestinait mon mari à devenir violent, et moi à être battue ?

Par la suite, en étudiant un peu le problème pour écrire ce livre, j'ai découvert que tous les spécialistes de la violence conjugale s'accordent sur ce point : rien ne prédestine une femme à devenir victime des coups de son conjoint. Les femmes battues proviennent de tous les milieux. Elles n'ont pas toutes été violentées ou abusées sexuellement dans leur enfance. Quant aux hommes, il semble entendu que, quels que soient leur ethnie, leur statut social, leur âge ou leurs revenus, ils peuvent un

*Deux êtres bancals*

jour ou l'autre recourir à la violence pour dominer leur conjointe.

Qu'en était-il de nous ? En ce qui me concerne, j'ai très peu de souvenirs de mon enfance. La psychologue qui a dressé mon portrait pour les besoins de l'enquête a dit : « Elle ne garde aucun souvenir d'enfance, comme si cette période de sa vie était recouverte d'une amnésie de refoulement. » Soit, mais refouler quoi ? Je ne sais pas vraiment. Je n'ai le souvenir d'aucun traumatisme grave.

Je suis issue de la classe ouvrière. Mes parents ont eu trois enfants et je suis la cadette. Ma sœur aînée Valérie a quatre ans de plus que moi. Mon frère Yohan onze mois de plus que moi. Nous avons reçu une éducation classique, presque traditionnelle, dirais-je. Un peu à l'ancienne. J'ai vécu le début de mon enfance à Lallaing, une petite ville agréable de six mille habitants traversée par la Sarpe, un cours d'eau navigable, et située à une trentaine de minutes en voiture de Lille, Cambrai et Valenciennes. J'en ai effectivement peu de souvenirs. Juste celui d'une maison de ville partagée en différents appartements. Et d'une petite chambre, mais je n'en suis pas certaine. Il faut dire que je n'avais que quatre ans quand mes parents ont décidé de quitter Lallaing pour Aniche.

Là, c'est plus clair dans mon esprit. Je vois un couloir avec, sur la droite, le salon puis la salle à manger et un peu plus loin la cuisine. Sur la gauche, les toilettes, la salle de bain et un escalier pour monter aux trois chambres de l'étage. La première chambre sur la droite est celle de mon frère. Sur la gauche

*Acquittée*

se trouve celle de mes parents et, un peu plus loin dans le couloir, celle que je partage avec ma sœur. Derrière la cuisine, il y a une petite cour prolongée d'un grand terrain. Et des parcelles pour chaque voisin. J'ai aussi en tête des images furtives : moi en train de manger des crevettes, parce que je mangeais tout, même les yeux et la cervelle ; ma sœur et moi dans notre chambre : au début un grand lit dans lequel nous dormions à deux (je dormais en boule, ce qui agaçait ma sœur parce que je prenais toute la place), et ensuite des lits superposés ; beaucoup de jouets… Et puis je garde des souvenirs plus diffus, des ambiances, une atmosphère. Pour faire simple, j'ai le souvenir d'une enfance relativement heureuse. Mon frère et ma sœur estiment que nous n'avions pas tout ce dont nous rêvions alors que je ne me rappelle pas avoir manqué de quoi que ce soit. Nous jouions et sortions peu avec nos parents, certes, mais cela m'a-t-il manqué ? Aujourd'hui on emmène ses enfants au cinéma, au parc ou à la piscine, mais c'était une autre époque. On ne faisait pas ça avec nos parents. Je ne peux donc pas dire que cela m'ait manqué puisque je ne connaissais pas. Je ne pense pas non plus avoir jamais été jalouse des activités ou des jouets de l'une ou l'autre de mes copines.

Au-delà des disputes ordinaires que connaissent toutes les fratries, nous passions des journées entières à jouer dans la maison avec mon frère et ma sœur et je crois que cela me convenait. Alors oui, peut-être, je n'étais pas très exigeante. J'étais d'ailleurs considérée comme une enfant calme, très douce, qui n'aurait pas fait de mal à une mouche, qui lisait beaucoup et ne réclamait jamais rien. Dans la famille, on m'appelait « la puce » (et mon père, alors que j'ai plus de trente ans, continue parfois de m'appeler ainsi…). Cela signifie-t-il que j'étais déjà un peu fragile et influençable ? Certainement.

En apparence, tout semblait donc aller pour le mieux dans le meilleur des mondes. Seulement, les relations entre mes parents étaient parfois orageuses et mon père se montrait souvent dur avec ma mère. Violent ? Je ne le crois pas. En tout cas pas physiquement. Mais il avait – et il a toujours – une voix si forte que ses cris m'effrayaient. Je ne lui en veux pas, qu'il le sache. Je suis cependant obligée de dire que les disputes entre mes parents sont les seuls nuages sombres que je vois quand je repense à mon enfance. Et leur séparation, alors que j'avais à peine neuf ans, a été un coup de tonnerre. Mais quel enfant veut voir ses parents se séparer ? J'étais triste. Ce n'était pas une période très heureuse. Je voulais mon père et ma mère à la maison. J'aurais souhaité qu'ils restent ensemble malgré les disputes. Les enfants sont un peu égoïstes.

Finalement, compte tenu de « l'insécurité familiale qui régnait dans le foyer », comme disent les psys, je ne sais toujours pas si cette séparation fut une source de tristesse ou de soulagement. Probablement un peu des deux. Une seule chose est sûre : elle a donné une nouvelle orientation à mon existence et à mon tempérament.

*
* *

Comme tous les enfants de parents divorcés, nous avons dû réorganiser nos vies. La semaine, nous étions avec notre mère, dans la maison d'Aniche qu'elle avait conservée. Et quand je dis « dans la maison », cela signifie aussi que nous sortions très peu. Je n'ai pas le souvenir d'activités extrascolaires, par exemple, hormis des séjours en colonie de vacances ou au centre aéré quand nous n'avions pas école. Pour le reste, ma mère m'accordait de temps à autre l'autorisation d'aller chez une copine, mais l'essentiel de mes journées se passait entre l'école et ma chambre. Je n'en ai pour autant aucun regret : j'adorais aller en classe et je pouvais passer des heures entières à jouer avec mes frère et sœur.

J'ai mené cette vie tranquille et ordinaire jusqu'à l'adolescence. C'est ma sœur qui est partie la première, quand elle est entrée à l'université, à Roubaix. Elle voulait devenir avocate. Elle avait sa chambre d'étudiante et ne revenait que le week-end. Cela a été pour moi un premier déclic, une première tentation « d'aller voir ailleurs », car les soirées sans elle étaient devenues un peu plus monotones. Et puis mes relations avec ma mère se sont dégradées. Elle a toujours été une maman distante et un peu « rigide ». Mais les choses n'ont fait qu'empirer. Elle m'interdisait tout. Je n'avais qu'exceptionnellement le droit de sortir et, si je l'avais, elle se montrait plus qu'insistante : « Tu rentres à telle heure »,

*Deux êtres bancals*

« Fais pas ci, fais pas ça », « Ne va pas là-bas ». Elle avait trouvé un poste de couturière dans une petite entreprise du coin et, avec la charge de trois enfants, devenait de plus en plus stricte. Il fallait sans cesse lui donner un coup de main pour faire la vaisselle, balayer, nettoyer sa chambre, ranger ceci, cela. Il était normal que nous l'aidions, mais j'ai le souvenir qu'elle se montrait de plus en plus dure et froide avec moi. Les câlins, la tendresse ou simplement les moments complices étaient rares. Et cette absence de tendresse, je le sais aujourd'hui, m'a pesé. J'y repense parfois quand je joue avec mes enfants, quand je les embrasse et les câline. Ma mère n'était pas du tout comme cela.

Cela étant, j'ai pu, bon an, mal an, suivre une scolarité sans drame au collège puis au lycée où j'ai choisi une filière générale dans l'idée de devenir institutrice ou – pourquoi pas ? – vétérinaire. J'étais une élève disons... moyenne, dans le meilleur sens du terme. De ceux dont les professeurs vantent « le sérieux » ou « le bon travail » (en français, langues, mathématiques, histoire) et regrettent « la paresse » ou « le manque d'efforts » (en sport, sciences physiques et naturelles) d'un trimestre à l'autre. J'ai toujours aimé apprendre, étudier, et je n'ai aucune raison de penser que je n'avais pas les moyens d'accomplir mes rêves d'adolescente. Seulement voilà, on le sait, j'ai fait cette rencontre qui a bouleversé le cours normal de ma vie et j'ai choisi de tout plaquer du jour au lendemain. En aurait-il été autrement si je m'étais sentie aimée et protégée par ma mère ? Je le crois, hélas.

*Acquittée*

Je ne l'ai découvert que bien plus tard : je n'étais pas une enfant désirée. En 1978, alors que le couple que formaient mes parents était déjà en équilibre précaire, ma mère est tombée enceinte de son troisième enfant et a souhaité pratiquer une IVG. Mais cela n'a pas fonctionné. Je suis donc née à Douai le 14 juin 1979, de Marc et Évelyne Lange. On fait mieux comme point de départ d'une relation mère-fille.

Trente-trois ans plus tard, je suis obligée de constater que nous avons toujours eu des rapports conflictuels. Au point, aujourd'hui, qu'il m'arrive de parler d'elle en disant – que Dieu me pardonne – « celle qui m'a servi de mère ». Elle m'en a fait trop voir.

Nous nous sommes perdues de vue une première fois, pendant près de dix ans, après mon mariage. Elle ne pouvait pas comprendre que je vive avec un homme pareil. Sur le fond, je ne peux pas lui en faire le reproche, mais la manière était odieuse. Nous ne nous croisions que très peu et principalement aux anniversaires des enfants de ma sœur. Quand je m'approchais pour l'embrasser, elle détournait la tête. Et si j'essayais de lui adresser la parole pour lui faire comprendre que le problème était entre « lui » et elle et pas entre elle et moi, elle me repoussait d'une façon sèche et on ne peut plus claire : « Je ne veux pas te parler. » Et puis elle m'a porté le coup de grâce. C'était au tribunal, au moment de mon procès. Ce jour-là, c'est elle qui m'a abandonnée.

*Deux êtres bancals*

Alors que j'avais déjà vécu tant d'horreurs et que « lui » n'était plus là, alors que je risquais de passer une bonne partie de mon existence en prison et que tout le monde venait me tendre la main pour me sauver, elle est clairement venue régler ses comptes. Elle a dit qu'elle ne m'avait jamais aimée. Que j'avais toujours été une enfant turbulente. Que j'avais toujours préféré mon père à elle. Et que, d'ailleurs, si elle avait tenté d'avorter avant ma naissance, c'est parce qu'elle aurait été violée par celui-ci…

Je l'ai écoutée me « charger » avec une douloureuse stupéfaction. Je ne pouvais pas comprendre comment une femme pouvait abattre son enfant ainsi. Je ressentais à la fois de la peine et de la colère. J'avais envie de me lever, de crier à l'aide et à l'injustice, mais son témoignage, si je puis dire, était si pétri de méchanceté et de rancune que j'avais également pitié d'elle. Elle tremblait, était souvent confuse dans ses accusations, ne me semblait pas dans son état normal. Quoi qu'il en soit, je ne pourrai sans doute jamais le lui pardonner, car le reste de ma vie était en jeu ce jour-là.


Elle n'avait raison que sur un point. Oui, je préférais mon père. C'est sa main que je serrais entre les miennes pour tenir le coup et pour m'empêcher de me lever quand ma mère déversait ses horreurs au tribunal. Mon père était un homme autoritaire, sans aucun doute. Il pouvait et peut encore être dur et sanguin, aussi. Mais c'est un homme juste et qui a du cœur. Même divorcé, il a été un père exemplaire ;

*Acquittée*

il a réglé toutes ses pensions alimentaires en temps et en heure ; il a laissé la maison d'Aniche à ma mère pour que nous ne vivions pas en appartement ; et quand il a fallu vendre cette maison parce que ma mère avait refait sa vie, il a mis l'essentiel de sa part sur des livrets bancaires au nom de chacun de ses enfants.

Je n'ai jamais cessé de maintenir des liens avec lui et il a toujours été là quand j'en avais besoin. Après le divorce, il est parti vivre un temps chez sa mère, à Lallaing, avant de s'installer avec sa nouvelle compagne, Marie-Paule, une femme ouverte avec qui je ne n'ai jamais rencontré le moindre problème. Elle avait une petite fille de cinq ans, issue d'une première union, avec qui je m'entendais à merveille et dont j'adorais m'occuper. Alors oui, c'est vrai, j'étais sans doute plus heureuse au sein de cette petite famille recomposée qu'auprès de ma mère. Et oui, c'est vrai, j'adore mon père. Avons-nous entretenu une relation trop fusionnelle ? Est-ce parce que je l'ai érigé en modèle que je me suis aveuglément laissé charmer puis dominer par un homme beaucoup plus âgé que moi ? Je ne m'étais jamais posé la question jusqu'à ces derniers mois. Mais certainement que oui.

*
* *

En ce qui concerne l'enfance et la jeunesse de mon mari, je n'ai jamais su grand-chose. Selon les informations que j'ai pu glaner à gauche et à

*Deux êtres bancals*

droite auprès des membres de sa famille et ce qu'il a bien voulu me raconter, il aurait toujours vécu en caravane, et une bonne partie de son enfance sur les routes, de village en village, avec ses parents et ses cinq frères et sœurs. D'après ce qu'on m'a dit, sa mère l'aurait souvent obligé à s'habiller en fille, depuis son plus jeune âge et pendant des années, parce que son père aurait souhaité avoir une fille au moment de sa naissance. Lui ne me l'a jamais avoué clairement, mais j'ai plusieurs fois senti dans ses silences ou ses réponses fuyantes que cette histoire était vraie. C'est une période de sa vie qui le rendait triste et, quand il parvenait à l'évoquer, j'avais mal au cœur pour lui.

Selon l'un de ses frères, il est devenu un adolescent turbulent, chahuteur, qui « cherchait les embrouilles » et à qui il arrivait déjà d'être violent. Il aurait ensuite été très marqué par deux drames familiaux : le décès accidentel de l'un de ses frères et, plus encore, celui de sa mère, fauchée par la maladie quand il était adolescent. Après, c'est le grand flou. Je sais seulement que la plupart des membres de sa famille, à cause de ses « comportements », ont peu à peu pris leurs distances avec lui, quand ils n'ont pas carrément rompu tout contact.

Ce que je sais parfaitement, en revanche, c'est ce qu'a vécu sa première épouse, Sylvie. Elle me l'a raconté par bribes, au fil des années quand elle déposait ses enfants chez nous, puis j'ai eu connaissance des moindres détails au cours de l'enquête

*Acquittée*

et du procès. Ils s'étaient mariés en 1992, trois ans après s'être rencontrés en boîte de nuit par l'intermédiaire de la sœur de Sylvie. Comme je l'ai vécu à mon tour par la suite, leur vie commune s'est d'abord déroulée sans encombre majeure. Le couple s'était installé dans l'une des caravanes, sur le terrain d'Émerchicourt, aux côtés de sa famille à lui. Au début, il se montrait « serviable » et « gentil », a dit Sylvie. « On lui aurait mis une auréole sur la tête », a-t-elle même ajouté. Il avait reconnu Laura, la première enfant de Sylvie, et ensemble ils ont vu naître leur fille Sabrina, puis leur fils Kévin. C'est alors que leur vie de couple a mal tourné. Il s'est mis à boire « un peu ». Et à frapper. Il ne buvait pas autant que de mon temps, mais les violences étaient déjà « quasi quotidiennes », a indiqué Sylvie. Puis elle a précisé : « De toute façon, il n'avait pas besoin d'être saoul pour être violent. »

Comme moi, elle n'a jamais pu oublier les premiers coups. Il l'a tabassée parce qu'elle lui tenait tête. Il lui a balancé des claques, des coups de pied, des coups de poing, « tout y est passé ». Devant les enquêteurs, elle a raconté : « Durant notre union, je n'ai fait que subir des violences de la part de mon mari. Et il frappait les enfants dès qu'ils commençaient à marcher. Je les cachais même sous le lit pour qu'il ne les tape pas. » Et quand il a fallu qu'elle se souvienne des pires sévices, elle a dit : « Je ne sais plus, je ne sais plus… Il a voulu que je me suicide avec les médicaments que je prenais pour soigner ma dépression… Il a voulu me planter avec un couteau… Il est impossible de vous énumérer tout

88

ce qu'il a fait. J'ai vécu cinq années avec lui, cinq années d'enfer. »

Nous avons vécu le même enfer. Sauf qu'elle a su s'en sortir. C'était en 1994. Il s'était acharné sur elle et lui avait arraché une bonne partie des cheveux derrière la tête. Elle avait porté plainte avant de faire marche arrière, « par peur de perdre les enfants, surtout », mais cela lui avait permis de déclencher une procédure de divorce « à l'amiable » et de mettre fin à son calvaire. Cela étant, plusieurs années après le divorce, elle me disait qu'elle avait toujours peur de lui parce qu'il « continuait à venir [la] voir pour [la] surveiller » et qu'il se montrait « souvent menaçant ».

Alors pourquoi ne l'ai-je pas écoutée, elle qui s'est si rapidement confiée à moi pour me mettre en garde ? Tout simplement parce que je ne voulais pas la croire, ou plus exactement parce que je ne pouvais m'empêcher de penser qu'elle exagérait forcément un peu. Et cependant j'avais moi-même commencé à recevoir des coups. Cela fait partie de ces choses que je ne peux expliquer aujourd'hui. « Il » me disait tellement de mal d'elle. Il la dénigrait avec tant d'aplomb et de consistance en utilisant des arguments qui me touchaient (elle était sale, elle l'avait trompé, elle buvait… et j'en passe) que j'ai fini par le croire, lui, davantage qu'elle.

Il est pourtant évident que l'histoire de Sylvie n'était que la malheureuse répétition de ce que j'allais vivre. En pire.

– 4 –

## La descente aux enfers

J'ai longtemps cru que nous pourrions trouver la tranquillité. Et pour cela j'ai souvent misé sur la construction de notre cocon familial. Une famille, ce sont des fondations, une structure sur laquelle on peut grandir et avancer.

Après la naissance de notre fille Séphora, mon mari a tout de suite voulu un deuxième enfant. Pour avoir un garçon ? Juste pour en avoir un de plus ? Pour toucher plus d'allocations ? Je me pose ce genre de questions aujourd'hui. Chez les gitans, la contraception n'est pas une pratique parfaitement entrée dans les mœurs. Et il me l'interdisait claire-ment. Moi, j'étais plus que partagée à l'idée d'avoir un second enfant si tôt. Je devais déjà m'occuper de Séphora qui n'était encore qu'un bébé, cela repous-sait encore une fois la possibilité de passer mon per-mis de conduire (c'était pour moi la promesse d'une

*Acquittée*

certaine indépendance), et encore plus mes envies d'étudier ou de travailler. Je ne peux cependant pas cacher que l'annonce de ma nouvelle grossesse, un an après mon premier accouchement, a été un rayon de soleil dans mon quotidien de plus en plus orageux. Mon mari s'est un peu plus occupé de la petite et ses « accalmies » me semblaient plus fréquentes et longues. Pour ne rien gâcher, il avait aussi décidé de faire l'acquisition d'une maison à quelques pas du terrain aux caravanes. Il l'avait achetée à l'une de ses tantes avec laquelle il était convenu que nous lui verserions chaque mois une petite somme d'argent en attendant de pouvoir la payer en totalité. En fait, il ne m'a pas véritablement consultée pour prendre cette décision qui n'était quand même pas anodine, mais je dois dire que je n'étais pas fâchée de retrouver une maison « en dur ». Encore que... Ladite maison, située en bordure d'une zone pavillonnaire, à l'angle d'un grand boulevard et d'une petite rue, était dans un état lamentable, sans salle de bain, ni WC, ni chauffage. Elle avait pour seuls avantages de disposer de deux chambres, d'un petit bout de terrain et d'une cheminée... quasiment hors d'usage et dangereuse. Pour le reste, tout ou presque était à retaper, hormis le carrelage qui venait d'être refait à neuf. « Ne t'inquiète pas, je ferai les travaux nécessaires », m'avait-il promis. Mais il n'en a rien été. C'est mon père qui a dû s'occuper de tout. Pour que je puisse passer l'hiver au chaud (j'étais quand même enceinte), il a restauré la cheminée et entrepris de poser du lambris là où c'était possible de façon à améliorer l'isolation du logement. « Lui »

*La descente aux enfers*

le regardait faire. Face à un tel chantier, il était retombé dans cette apathie qui pouvait le clouer la journée entière au fond d'un fauteuil. Quand mon père lui demandait de l'aider, il se disait trop fatigué ou prétextait un mal de dos pour ne pas se lever.

C'est ainsi que nous avons vécu deux ans dans cette maison… comme dans une caravane. Les relations entre mon père et son gendre étaient devenues très tendues, mon père ne voulait plus venir s'échiner seul chez nous, et mon mari repoussait sans cesse la réfection de la salle de bain. Nous faisions donc notre toilette dans une bassine, « comme au bon vieux temps ». Les sanitaires ? C'était à l'extérieur, sur une trappe de tout-à-l'égout, « à l'ancienne ».

Malgré cela, je me plaisais dans cette maison. J'ai toujours été une « femme d'intérieur » et je prenais quand même plus de plaisir à entretenir autant que possible notre nouveau « chez-nous » plutôt que notre ex-caravane où je me sentais de plus en plus à l'étroit. D'autant qu'une grande maison à un avantage par rapport à une bicoque sur roues : il est plus facile de se réfugier dans un coin en cas de tempête. Car il avait recommencé ses crises d'insultes, d'humiliations et de violences.


C'est dans cette ambiance qu'est arrivé Josué, notre fils. Après une grossesse sans plus de complications que la première, j'ai accouché le 22 novembre 2000 à Valenciennes. Seule, cette fois. Les contractions avaient commencé vers 5 heures du matin. J'avais très mal au ventre. J'avais allumé la télévision dans

93

*Acquittée*

la chambre parce que je ne parvenais pas à m'endormir. Et les douleurs sont devenues de plus en plus aiguës. Lui dormait à côté de moi. Je l'ai réveillé. « Le travail a débuté », lui ai-je dit. Il a fait mine de ne pas comprendre et s'est retourné. Je l'ai re-réveillé et il a enfin consenti à... prendre son téléphone pour trouver quelqu'un qui pourrait m'emmener à la maternité – notre voiture était en panne depuis des semaines. Il a tenté sa chance auprès de l'une de ses belles-sœurs, mais elle ne pouvait se déplacer car elle travaillait. Alors il a appelé les pompiers qui sont venus me chercher tandis qu'il restait à la maison pour garder Séphora.

Je me revois dans la salle d'accouchement, mon bébé à côté de moi et les sages-femmes autour de nous. Et j'étais triste qu'« il » ne soit pas là. Malgré tout. Ce n'est que dans la journée qu'il est venu nous voir, accompagné d'un couple de nos amis. Comme si de rien n'était. Il a pris le petit dans ses bras. Il avait l'air heureux que je lui aie donné un garçon. Et, idiote que j'étais, j'étais heureuse aussi. Pour moi et pour « nous ».

Dans ces moments-là, nous étions une famille en apparence ordinaire. Une mère, un père et leurs deux enfants. Quelqu'un pouvait se promener dans le couloir et jeter un coup d'œil par la porte de ma chambre sans avoir la moindre raison d'imaginer les violences de mon mari, ses insultes, ni même son alcoolisme qui commençait à gangrener notre vie.

Il n'y a eu qu'un incident : il a réussi l'exploit de s'accrocher avec les infirmières parce qu'il voulait que je rentre un jour plus tôt que prévu à la maison.

*La descente aux enfers*

Il traversait l'une de ses crises. Il s'est montré si grossier qu'il est passé à deux doigts de se faire sortir manu militari de l'hôpital !

Pourquoi voulait-il absolument que je rentre si vite auprès de lui ? Parce que je lui manquais, ai-je longtemps pensé avant de comprendre qu'il ne supportait pas que je lui échappe. Ne serait-ce que quelques jours. Et même au sein d'une maternité.

*
* *

Il est difficile de dater précisément le moment où ma vie est devenue un calvaire, mais il est certain que les mois et les années qui ont suivi la naissance de notre deuxième enfant ont accéléré notre chute dans les bas-fonds de l'horreur. Si je devais résumer, je dirais que je me suis retrouvée face à un homme qui ne faisait rien de ses journées si ce n'est boire et, quand il avait un sursaut d'énergie, m'agresser.

Hormis une période durant laquelle il s'était improvisé ramoneur, quelque temps après nos expériences ratées sur les marchés, je n'ai pas le souvenir qu'il ait fait grand-chose. Et encore, cette lubie – je ne vois pas d'autre mot – n'a duré qu'un temps. Il s'était mis à son compte car, disait-il, il ne supportait pas de « recevoir des ordres d'un autre ». Au final, il a dû ramoner une dizaine de cheminées tout au plus. Du jour au lendemain, il a décrété que c'était « trop pénible », « pas assez cher payé » ou je ne sais quoi d'autre. Ce genre de tentative entretenait l'illusion qu'il « voulait travailler », comme il

*Acquittée*

le répétait souvent, et je me suis longtemps laissé berner. Aujourd'hui je suis persuadée qu'il se complaisait dans une vie d'assisté. Il y avait toujours le RMI ou le versement des allocations familiales pour nous permettre de tenir jusqu'à la fin du mois.

De mon côté, me dira-t-on, je n'ai pas plus travaillé que lui, certes, mais j'avais déjà deux enfants en bas âge à ma charge (et bientôt un troisième), aucun moyen de les faire garder, et il était inconcevable pour moi de les laisser toute la journée à leur père. J'ai néanmoins trouvé de quoi gagner un petit peu d'argent. Deux années durant, à cette époque, j'ai joué le rôle d'auxiliaire de vie auprès de mon beau-père Joseph. Cet homme avait plus de quatre-vingts ans et souffrait de diabète. Il avait du mal à se déplacer et ses bras étaient de plus en plus lourds. Nous lui avons alors proposé de venir nous rejoindre à la maison et lui avons installé une petite caravane sur notre terrain de façon à ce que nous puissions être à ses côtés en cas de problème. C'est ainsi que je suis naturellement devenue son aide-ménagère d'abord, et un peu plus ensuite. J'allais nettoyer et aérer sa caravane, je vidais ses toilettes, je changeais ses draps, je lui lavais le visage (avec une goutte d'eau de Cologne sur le gant de toilette, il adorait ça !) et je lui apportais mon aide dès qu'il en avait besoin. Je l'ai fait sans rien demander pendant plusieurs mois, simplement parce que j'aimais ce brave homme et que cela me faisait plaisir de le soutenir, puis il a pris l'habitude de mettre un billet

*La descente aux enfers*

de côté « pour les enfants », disait-il en me souriant. Ensuite j'ai fait les démarches nécessaires auprès du Conseil général pour être en règle. Des inspecteurs sont venus vérifier la réalité de mon travail et je suis officiellement devenue « aide à domicile à mi-temps » avec fiches de paye et compagnie. Cela a donné à Joseph l'occasion de me taquiner plusieurs fois, car mon salaire était versé sur son compte bancaire (c'était ensuite à lui de me payer) et il s'amusait à me faire croire qu'il n'allait « peut-être pas » me rémunérer en fin de mois. Suivant les jours, je lui répondais alors que je ne viendrais plus l'aider ou, au contraire, que je continuerais même gratuitement, et nous riions de nos plaisanteries de gamins.

En fait, ce travail auprès de mon beau-père m'apportait la ration quotidienne de ces petits plaisirs qui m'ont permis de ne pas sombrer. Car mon mari, lui, était de plus en plus odieux. S'il avait bien compris son intérêt à me laisser travailler de la sorte (je m'occupais de son père, je rapportais un peu d'argent et, surtout, il pouvait garder un œil sur moi), cela lui donnait également l'occasion de me faire de nouveaux reproches. Son grand truc était de me sauter dessus dès que je consacrais un peu trop de temps à la tâche. Il jugeait que « je ne savais pas faire », que j'étais « lente et fainéante » ou, dans les pires moments, m'accusait de « faire la p... » dans la caravane de son père. Et cela aussi j'ai laissé dire. Car plus les années passaient, moins j'avais le choix : me taire ou risquer de prendre des coups... sous les yeux des enfants qui en étaient terrifiés.

*Acquittée*

Mon mari pouvait avoir des élans de méchanceté purement gratuite uniquement pour montrer qu'il existait. Juste pour rappeler qu'il était là. Avant les coups, il y avait les mots et les gestes déplacés. Chaque pas franchi était un pas de plus dans l'enfer de la violence conjugale. Et je n'ai pas su empêcher l'escalade de ses petites cruautés. Je n'ai pas pu, ou pas su, réagir.

Trois exemples parmi d'autres…

Quelques mois après notre emménagement dans la maison d'Émerchicourt, il avait acheté un canard. J'avais trouvé cela plutôt amusant. « Ça fera un peu d'animation sur le terrain », m'étais-je dit. Sauf que la pauvre bête était destinée à passer à la casserole, m'annonça-t-il un jour. « Eh bien tu le mangeras sans moi », lui avais-je rétorqué. Il savait que j'aimais trop les animaux, même s'il s'agissait d'un simple canard. Au bout de quelques mois, alors que j'avais pris l'habitude de nourrir et de soigner le volatile et que j'avais presque oublié sa destinée au point de le considérer comme une sorte d'animal de compagnie, il m'imposa une scène qui me donne encore le frisson. J'étais dans la cuisine, occupée à faire la vaisselle. Et à travers la fenêtre, je l'ai vu trancher d'un coup sec la tête du canard. Sans même l'assommer ou l'endormir au préalable. Et les enfants étaient juste là, à côté. Il faut avoir connu cet homme pour comprendre qu'il s'était placé intentionnellement dans notre champ de vision. On ne m'enlèvera pas de l'idée qu'il l'a fait pour me blesser. Parce qu'il savait que cela me choquerait.

*La descente aux enfers*

Une autre histoire d'animal : à la même époque, nous avions récupéré un petit chien, Guizmo, un petit bâtard que j'adorais. Un matin, on est venu frapper à ma porte pour me dire qu'il venait de se faire renverser par une voiture. Je me suis précipitée, et je l'ai découvert sur le bord de la route en train d'agoniser avant de pousser son dernier soupir. « Lui » est arrivé sur ces entrefaites. Et il l'a jeté dans la première poubelle venue. J'aurais voulu que l'on enterre ce chien, et je le lui avais dit, mais une fois de plus il s'était moqué de ce que je pouvais penser ou désirer. Son geste n'avait qu'un but : montrer qu'il était « celui qui décide ». Quant à ma réprobation ou mon chagrin…

Un dernier exemple : Séphora était encore toute petite. Elle parlait à peine. Il la tenait sur ses genoux. On aurait pu croire qu'il s'adressait à elle comme un papa qui essaie d'apprendre le langage à son enfant ou d'éveiller ses sens. Sauf qu'au lieu de lui dire quelque chose comme : « Regarde maman, regarde comme elle est belle » ou « fais coucou à maman », sa version à lui était : « Elle, elle est vilaine, tape-la ». Ou encore : « Elle, il ne faut pas l'écouter, c'est qu'une p… »

Je ne me suis pas toujours laissé faire. J'ai tenté de répondre. Dans le meilleur des cas, mes protestations lui passaient au-dessus de la tête. Dans le pire, vous pouvez imaginer. Alors j'ai fini par abandonner. Lors de cet incident avec Séphora, je me souviens de m'être dit : « Cause toujours. Les enfants sont plus intelligents que toi. La petite finira par voir, en grandissant, qui est le "vilain". » J'étais trop dans la tourmente pour chercher à comprendre pourquoi – au fond de lui-même – il m'infligeait tant de cruautés immatures. Je m'en tenais à une seule explication, tellement évidente à mes yeux : c'était pour me blesser.

Je ne découvrirai que bien plus tard, au contact des psys, que mon mari était rongé par un « problème d'affirmation de soi ». Avec ses méchancetés et cruautés, il voulait ni plus ni moins s'affirmer en tant qu'homme dominant.

\*

\* \*

Mon mari avait la violence « en lui ». J'en suis persuadée. Je veux dire qu'il ne faisait pas – ou si peu – la différence entre une insulte et un coup. Je ne sais pas si c'est le cas de tous les hommes violents (d'autres le diront), mais celui que j'ai connu pouvait « laisser échapper » une gifle pour une broutille. Et pas seulement sur moi. Dans ma descente aux enfers, un incident m'a plus marquée que les autres. Un jour ma mère, avec qui j'entretenais des relations en forme de montagnes russes depuis mon départ précipité, était venue chez nous sans prévenir pour voir Séphora. Et c'est lui qui a ouvert quand elle a sonné. Malheureusement.

Je n'étais pas là pour entendre le début de leur échange, mais voici ce à quoi j'ai assisté…

*La descente aux enfers*

Elle est sur le pas de la porte. Il refuse de la laisser entrer. Il la repousse. Ma mère lève son sac, façon de lui signifier qu'elle n'est pas intimidée. Elle fait valoir ses droits de grand-mère sur la petite. « Tu ne peux pas m'empêcher de voir ma fille et ma petite-fille », dit-elle d'un ton sec. Elle tente de pénétrer de force. Il ne veut rien entendre. Le ton monte. Et il la gifle. Pas une petite gifle. Le coup est si fort que les lunettes de ma mère tombent au sol. Je suis stupéfaite. Quoi que je puisse penser de ma mère et même si nous n'avons pas les meilleures relations du monde, je suis outrée par ce que je viens de voir. Qu'il s'en prenne à ma propre mère...

Elle aussi est sous le choc. Elle crie qu'elle va porter plainte. Il la traite de tous les noms. Elle réussit néanmoins à entrer et s'avance vers moi pour me dire bonjour. C'est un tumulte. Nos phrases s'entrechoquent. Elle m'explique qu'elle s'est déplacée parce qu'elle juge que je ne lui amène pas suffisamment sa petite-fille, je lui réponds que je dois parcourir des kilomètres à pied pour me rendre chez elle, elle me reproche encore de ne pas lui donner de nouvelles, je lui retourne la même critique... La scène est absurde. Et « lui » ne dit plus rien. Il nous regarde simplement nous écharper, puis il voit ma mère faire un rapide baiser à Séphora et s'en aller...

Moi je suis KO. Je viens une nouvelle fois de me fâcher avec ma mère, il l'a frappée, et voilà maintenant qu'il m'accuse : « Tout cela est de ta faute ! Tu te laisses trop faire par ta mère ! Tu ne dois pas la laisser te parler comme ça ! », hurle-t-il.

Et je ne suis pas au bout de mes tracas.

*Acquittée*

Mon père, prévenu dans la journée par ma mère, m'appelle pour me dire qu'il arrive.

J'entends encore sa voiture approcher. Il est accompagné de mon frère Yohan. Que vont-ils faire ? Que va-t-il se passer ? Mon père frappe à la porte. Avec énergie ! Il n'est manifestement pas venu pour plaisanter. Mon mari ne veut pas ouvrir. Je sais qu'il a peur de mon père, qui insiste. Et soudain il prend Séphora dans ses bras. Il s'en sert comme d'un bouclier humain ! Comment mon père pourrait-il le frapper avec la petite entre eux ?

Finalement la porte s'ouvre. Mon père n'y va pas par quatre chemins : il veut savoir pourquoi il a giflé ma mère (ce n'est pas parce qu'ils sont divorcés qu'il ne va pas la défendre), le harcèle de questions, essaye d'entrer, mais l'autre lui répond que ces histoires ne le regardent pas et qu'il « n'a rien à dire ». Mon père lui demande de lâcher la petite et de se comporter en homme et, dans la pagaille, je parviens à récupérer Séphora et à la prendre dans mes bras. En une fraction de seconde, mon père se jette alors sur son gendre, le pousse contre le mur, le bloque avec son avant-bras sous la gorge et lui met une gifle. Exactement ce que ma mère a reçu. Un donné pour un rendu. Histoire qu'il retienne la leçon. Et avant de lâcher sa prise, il lance : « Ne t'avise plus de frapper ne serait-ce qu'une seule fois la mère de mes enfants ! »

Mais les menaces n'atteignaient jamais vraiment mon mari. Dès que mon père s'est éloigné de lui, il s'en est pris à mon frère Yohan qui se tenait juste là, en retrait. Il l'a insulté. Des insultes gratuites et

102

*La descente aux enfers*

dénuées de sens. « Toi tu n'es qu'un pédé ! », a-t-il hurlé. Puis il l'a menacé de le faire immoler « par les gitans de Corse et de Marseille » et a juré qu'il ne pourrait plus m'approcher ni me revoir…

C'est après cet incident que j'ai vraiment perdu de vue ma mère pendant près de dix ans. Elle me reprochait de ne pas avoir pris sa défense, ni même son parti, et de ne pas l'avoir soutenue puisque, au fond, je l'avais choisi « lui » plutôt qu'elle.

Sa position peut se comprendre, bien sûr, mais c'est pour moi beaucoup plus facile à admettre aujourd'hui qu'à l'époque. Car à l'époque, « lui » me faisait exactement les mêmes reproches de son côté.

En attendant, mois après mois, année après année, « il » est devenu ainsi : des menaces et des insultes de plus en plus fréquentes. Envers moi d'abord, naturellement, mais aussi envers tous ceux qui osaient se mettre en travers de son chemin. Ils n'étaient hélas pas très nombreux. En fait, je crois que seul mon père avait ce courage.

Ils se sont opposés une deuxième fois. Pour un différend financier cette fois. Mon père était intervenu après que nous avions acheté la maison à la tante de mon mari en nous arrangeant sur les modalités de paiement. Il estimait que ce « bricolage » n'était pas une bonne idée et avait contracté un prêt pour payer une fois pour toutes cette acquisition. À charge pour nous, ensuite, de lui régler

103

*Acquittée*

les mensualités. C'était une autre forme d'accord « tacite » entre nous, mais au moins la maison était-elle à nous, les choses étaient écrites noir sur blanc et nous ne risquions plus de nous retrouver le bec dans l'eau en cas de pépin avec la tante. Autant le dire tout de suite : c'est mon père qui a hérité des pépins. Car mon mari a finalement décidé de ne plus payer...

Un jour, las, mon père est donc venu le voir pour régler ce problème de dette. Il s'est présenté avec les documents bancaires du prêt et le ton est très vite monté. Mon mari le narguait en lui disant qu'il vendrait la maison et qu'il « ne saurait jamais où nous retrouver » ! Comme cela ne semblait pas impressionner mon père, il a profité d'un moment de flottement pour aller chercher... une grande hache de bûcheron et le menacer. Et comme cela ne suffisait pas encore, il a alors prévenu les gendarmes d'Aniche pour qu'ils interviennent ! C'est lui et non mon père, bien sûr, qu'ils ont dû calmer, mais ils n'ont rien pu faire contre lui (si ce n'est l'encourager à payer sa dette) car, cela va de soi, il avait dissimulé la hache avant leur arrivée.

Mon père n'avait rien dit de la hache non plus. Il n'avait pas porté plainte. Je ne le compris que par la suite mais, évidemment, c'était pour me protéger. Il ne voulait pas me nuire et, honnêtement, il ne pouvait imaginer ce que je vivais au quotidien. Je ne m'étais encore jamais confiée à lui. Il ne voulait simplement pas que les gendarmes sachent que je vivais avec un homme capable de tels comportements. Et il ne voulait pas que j'aie affaire à eux.

*La descente aux enfers*

Je ne peux pas le lui reprocher. J'aurais sans doute fait comme lui.

*
* *

Je n'ai pas vraiment eu de moments de répit. La violence conjugale est un rouleau compresseur qui écrase tout sur son passage : la capacité de discernement, la faculté de se révolter, le bon sens. C'est comme une maladie qui gagne chaque jour du terrain parce qu'on ne prend pas le temps de la soigner, occupé que l'on est à gérer le quotidien. Et de ce côté-là, j'étais servie.

Trois ans et demi après avoir accouché de mon premier enfant, j'étais déjà enceinte du troisième. Et encore une fois, j'ai eu l'espoir que « cela pourrait changer quelque chose ». Quant à l'accouchement, il fut épique !

Le terme de ma grossesse était programmé fin septembre 2002. « Manque de chance » (je préfère parfois sourire de mes malheurs, ça allège mes souvenirs…), mon mari est justement parti à ce moment-là pour quinze jours de vendanges. Il est vrai que je ne l'avais pas retenu. Non seulement je ne voulais pas rater une occasion de le voir travailler et remplir un peu notre porte-monnaie, mais en plus cela me promettait deux semaines de tranquillité. Sauf que je n'en ai pas vraiment profité. J'étais tranquille, certes, mais épuisée car il fallait que je m'occupe de Séphora et Josué qui, à leurs âges, nécessitaient une attention permanente. Et

*Acquittée*

puis j'étais inquiète : j'avais vu passer le jour prévu du terme de ma grossesse, puis le lendemain, le surlendemain… et comme par miracle, le 4 octobre 2002, juste à « son » retour, les contractions ont commencé. Comme si j'avais inconsciemment attendu qu'il revienne.

Autant vous dire que je me suis fait sérieusement enguirlander par l'infirmière qui m'a reçue. Surtout quand je lui ai précisé que j'avais attendu la fin des vendanges pour venir accoucher… « On n'attend pas plusieurs jours après le terme quand on va donner naissance à son troisième enfant ! C'est prendre des risques bêtement ! », s'est-elle offusquée. Je ne sais pas si elle disait vrai, on voulait juste me gronder pour mon imprudence mais ce qui est certain, c'est que j'ai souffert comme jamais dès lors que l'on m'a prise en charge.

Le travail est brutalement devenu intense et les contractions plus douloureuses que dans mes souvenirs des premières grossesses. Je me suis sentie presque « partir » tellement je souffrais. J'ai demandé une péridurale mais il était déjà trop tard : le bébé poussait. Quelles douleurs ! « Lui » était là et faisait ce qu'il pouvait (c'est-à-dire pas grand-chose dans ce genre de situation), mais j'aurais tellement aimé qu'il en fasse quand même un peu plus… Je ne sais pas, moi, qu'il ait des petites attentions comme on en voit dans les films : un papa qui serre la main de la maman, qui lui dit des mots tendres pour la réconforter, qui lui caresse le front pour la soutenir… Mais non, non, ce n'était pas sa nature. Beaucoup de femmes le pardonneraient à leur

*La descente aux enfers*

mari (les hommes ne peuvent pas être doués pour tout), mais moi j'en ai gardé une rancœur de plus. Par bonheur, la petite Saraï-Béthanie est arrivée en pleine forme et en bonne santé. Et il a eu ce geste qui m'a surprise : quand la sage-femme lui a proposé de couper le cordon ombilical, il a accepté et s'est appliqué à le faire. Là, bêtement, j'ai eu pour lui une bouffée de tendresse. Peut-être n'était-il pas si mauvais ?

*
* *

L'événement qui suit s'est beaucoup moins bien terminé. Surtout pour lui.

Il fallait faire des courses. Le frigo était complètement vide. Il était tard. Trop tard pour que je puisse y aller à pied, comme c'était devenu la règle, et que je me présente au magasin avant la fermeture. Il était encore temps de s'y rendre en voiture, mais il avait bu une bonne partie de la journée. Il n'a pourtant pas hésité à prendre le volant. Et pour cause : il n'avait plus d'alcool.

Et ce qui devait arriver arriva. Nous nous sommes fait arrêter. Contrôle d'alcoolémie positif, évidemment. Mais ce n'est pas tout : il s'était déjà fait attraper en état d'ébriété après sa séparation avec Sylvie. Il avait provoqué un accident et s'était vu supprimer son permis. Il m'avait d'ailleurs expliqué à ce propos que c'était la faute de Sylvie, parce que, disait-il, elle l'avait incité à boire et forcé à conduire alors qu'il était saoul…

107

*Acquittée*

Bref, ce soir-là, les gendarmes n'ont pas fait débat de son cas. Plusieurs d'entre eux l'ont sorti du véhicule et l'ont emmené directement en garde à vue tandis que d'autres me raccompagnaient à la maison. J'ai d'ailleurs cru comprendre à cette occasion qu'il était dans le collimateur et je ne suis pas loin de penser qu'ils nous avaient suivis.

Présenté à un juge dans le cadre de la procédure de « comparution immédiate », le dossier de mon mari n'a pas fait un pli. Condamné pour conduite sans permis et récidive en état d'ébriété. Six mois de prison ferme avec possibilité d'un aménagement de peine sous bracelet électronique…

Ce n'est donc qu'en prison que je l'ai revu et, ironie du sort, si je puis dire, c'était à Valenciennes, là où je serais incarcérée sept ans plus tard en attendant mon procès.

Je suis allée le voir trois fois, conduite par sa nièce et son homme, et accompagnée des enfants. Ils étaient un peu petits pour comprendre – j'avais tenté de leur expliquer avec des mots simples ce qui s'était passé – mais je voulais d'abord qu'ils puissent voir leur papa. Question de principe. Bien sûr, il m'a d'abord accusée de l'avoir volontairement mis au volant alors qu'il avait bu dans le seul but de l'envoyer en prison et de me débarrasser de lui. Il m'en voulait, disait-il. Puis, comme il le faisait « à l'extérieur », il s'est adouci. L'ambiance restait froide, mais il nous adressait des petits bisous au parloir. Et le voir derrière les barreaux me faisait

*La descente aux enfers*

mal au cœur. Malgré tout ce qu'il me faisait subir. On appelle cela le syndrome de Stockholm, non ? La pitié pour son bourreau. Un mélange de haine, d'amour et de compassion en ce qui me concerne.

En réalité, je lui cherchais souvent des excuses. Quand ce n'était pas l'alcool, c'était la tristesse due au décès de sa mère ou son « problème psychologique » que je ne parvenais pas à identifier mais qui me sautait aux yeux.

N'empêche : pour la première fois, j'ai pensé fuir pendant qu'il était en prison. Me faire la belle pour de bon. Prendre mes cliques, mes claques, les enfants et disparaître. Mais je me suis ravisée : pour aller où ? Chez mon père, mon frère, ma sœur ou n'importe qui d'autre de ma famille ? Il nous aurait vite rattrapés. Et comment partir ? Avec quels moyens ? Et s'il s'en était pris à mes proches ? Il m'avait prévenue un jour où j'avais eu l'impudence de le menacer de le quitter en embarquant les enfants : même si lui se retrouvait hors d'état de nous atteindre, il pouvait faire appel à d'autres. Il sous-entendait évidemment que les gitans sont une grande famille… Et je ne sais pas pourquoi, cette phrase m'avait marquée et je l'avais cru. J'ai envie de me gifler quand j'y repense.

Je n'ai pas osé, donc. Pas cette fois. Au lieu de quoi, j'ai continué à m'exécuter et à répondre à toutes ses volontés. Il me demandait de mettre la maison en vente parce qu'il ne voulait plus la garder ? Je me chargeais de faire les démarches

*Acquittée*

nécessaires. Il m'expliquait qu'il fallait que nous retournions vivre sur le terrain aux caravanes parce qu'il avait besoin d'une connexion téléphonique (ce qu'il y avait là-bas et pas chez nous) pour bénéficier d'un aménagement de peine avec bracelet électronique ? Je me débrouillais. Il fallait contacter son avocat ? Je le faisais…

Bref, j'ai beaucoup fait pour arranger sa situation, de telle sorte qu'après deux mois de détention il a pu nous rejoindre, équipé de son bracelet, à la caravane.

Je n'ai pas été récompensée de mes efforts. En tout cas, pas de la manière dont on l'entend habituellement.

Pour commencer, notre situation matérielle ne s'est pas améliorée, à l'exception du fait que grâce à la maigre plus-value que nous avons touchée en vendant la maison deux ans après son acquisition, nous avons pu acheter une caravane un peu plus confortable. Pour le reste, nos ressources étaient toujours aussi limitées. Nous ne percevions plus que les allocations familiales liées à nos trois enfants, ce qui faisait huit cents euros par mois. Avec les coups de pouce que nous apportaient les quelques membres de sa famille qui vivaient sur le camp et avec qui je m'entendais bien (rarement des aides financières, plutôt des dépannages), j'aurais pu joindre les deux bouts. Mais une fois que j'avais mis un peu d'argent de côté pour nourrir et habiller dignement les enfants, il dilapidait en boissons le peu qui nous restait. Car il ne cessait d'augmenter sa consommation. Bière, vin, whisky,

*La descente aux enfers*

Ricard… tout y passait. Et en quantités de plus en plus vertigineuses.


Nous avons franchi un nouveau cap quand les disputes et les insultes sont devenues plus qu'une routine, une banalité. Je veux dire que moi-même, au cours de nos échanges les plus grossiers, je m'étais mise à lui répondre par des grossièretés que je n'aurais jamais osé prononcer quatre ans plus tôt et que je me garderais de redire ici. C'était la dernière parade que j'avais trouvée (tout en sachant bien sûr que j'augmentais le risque de prendre des coups). En utilisant son propre langage, j'imaginais que je pouvais lui faire comprendre à quel point les mots peuvent blesser. Parfois autant que les coups. J'ai même poussé l'audace jusqu'à me moquer de lui. Mais dans un cas comme dans l'autre, mes tentatives de le faire « réagir » (c'est-à-dire changer) ont été vaines. Et je les ai souvent grandement regrettées. Résultat : mon mari me faisait de plus en plus peur. Il y avait les coups de poing et de pied que je prenais régulièrement, les claques, les injures… Il y avait eu la gifle à ma mère, la hache brandie au visage de mon père… Et il se montrait de plus en plus menaçant. Un « beau » jour, après une énième embrouille avec l'un de ses frères me semble-t-il, il est allé acheter un fusil pour « celui qui se mettrait en travers de [sa] route ». C'était une crise de plus, sans doute, mais cette fois pas seulement à mon encontre. « Avec ça, je lui dirai mon opinion ! », me lança-t-il, parlant de son frère. Fort

111

heureusement, l'un de ses neveux a eu la bonne idée de casser cette arme en deux avant que ne survienne un drame.

Il avait également pris l'habitude de porter un couteau sur lui. Quasiment du matin au soir. C'était une vieille manie apparemment, car Sylvie, sa première femme, avait connu ça elle aussi. Il glissait le couteau dans sa poche ou le coinçait sous son ceinturon, dans son dos. Je me souviens que je l'entrevoyais quand il se baissait. Ça me glaçait le sang. Pourquoi portait-il un couteau sur lui ? Je ne le sais pas vraiment. Ce qui est sûr, c'est que ce n'était pas pour bricoler. J'imagine que c'était pour faire peur à ceux qui le voyaient. En ce qui me concerne, en tout cas, c'était réussi. La vue de ce couteau m'effrayait. Jusqu'à ce que je m'y habitue. Comme au reste…

En cette période où nous nous sommes enfoncés dans les marécages de la violence « banalisée », une chose me faisait plus souffrir encore que les insultes et les coups que je subissais : il avait la main de plus en plus lourde sur les enfants. Il n'était pas simplement un père sévère qui a la fessée ou la gifle facile, c'était une brute. Il les frappait à la moindre occasion. S'il fallait tenir des statistiques, je dirais qu'au moins tous les trois jours l'un des enfants « s'en prenait une », selon sa formule. Il avait toujours une bonne raison pour les frapper, que ce soit un « caprice » de l'un d'eux ou le refus d'un autre qui ne voulait pas manger ce qui était servi à table. Et quand il frappait, c'était avec une force démesurée qui me donnait des haut-le-cœur.

J'ai vu la marque de sa main sur les fesses de mes enfants, sous leurs vêtements. J'ai vu leurs lèvres éclater sous le coup des gifles.

Ce sont des souvenirs que je préfère oublier aujourd'hui. Mais puisqu'il le faut, pour saisir à quel point cet homme devenait monstrueux, je veux en citer d'autres. Le premier pourrait presque sembler anodin à celui qui n'a jamais vécu la perversité de la violence quotidienne – physique ou morale –, et plus encore à celui qui n'a jamais été parent, mais il reste pour moi une douleur. Josué était un enfant très mignon, avec de magnifiques cheveux longs bouclés, et il avait une bouille si douce que les gens, dans la rue, le prenaient pour une fille : « Qu'elle est mignonne ! », disaient-ils. Ce que j'étais fière ! Peu m'importait qu'ils se trompent sur son sexe (à combien d'enfants cela arrive-t-il !), je voyais uniquement que mon petit Josué faisait l'unanimité. Sauf que mon mari n'avait pas du tout la même perception des choses. Et un jour, sans me prévenir, il l'a pris par le bras et emmené chez le coiffeur pour lui faire couper les cheveux très courts, presque ras. « Comme ça il ne fera plus pédé ! », a-t-il tranché. Ce que je lui en ai voulu ! Mon Josué avait l'air si triste…

La simple évocation du deuxième souvenir que je veux rapporter me remplit d'angoisse rétrospective. Saraï, notre dernière qui avait à peine huit mois, était à l'intérieur de la caravane avec « lui » tandis que je m'affairais à l'extérieur quand je

*Acquittée*

l'ai soudain entendue pleurer. De ces pleurs qui alertent une mère. Je suis rentrée à toute vitesse pour voir ce qui était arrivé : « lui » se tenait côté cuisine, les poings appuyés sur le plan de travail et le regard noir. Saraï était debout dans son lit-parapluie, les mains accrochées au rebord du lit, et elle pleurait, elle pleurait... J'ai demandé ce qui se passait et il n'a pas répondu. Il avait les yeux que je n'aimais pas. Le même regard que lorsqu'il me battait. J'étais pétrifiée. J'ai jeté un coup d'œil sur Saraï. Elle n'était encore qu'un bébé... Mais il m'a fait tellement peur que, sur le coup, je n'ai pas su comment réagir. Je n'ai pas osé me pencher vers la petite. J'ai dû attendre qu'il parte pour la prendre dans mes bras et la réconforter. Je n'ai jamais su ce qui s'est réellement produit ce jour-là, mais une mère reconnaît les pleurs de son enfant. Et une femme battue le regard de son mari dans ses moments de crise.

Un autre jour, une autre horreur. Je m'en souviens comme si c'était hier. C'était un peu plus tard, Josué avait trois ans et demi, quatre ans. Pour le punir de je ne sais quoi, il lui avait frappé la tête contre le coin d'un meuble. Par miracle, Josué s'en est sorti avec un œil au beurre noir qui englobait l'orbite, l'arcade et la pommette.


Comment ai-je pu admettre de telles atrocités ? Qu'aurais-je dû faire ? Dans ces moments-là, j'étais bouffie de haine, de colère, de mépris pour lui, et envahie en même temps d'un terrible sentiment d'injustice. Pourquoi était-ce tombé sur moi ? Pourquoi était-ce tombé sur eux ?

Je n'ai jamais accepté que l'on frappe un enfant, mais j'avais beau lui dire mon dégoût, que cela ne se faisait pas, il ne m'écoutait pas et s'en prenait encore plus violemment à moi si j'insistais. J'étais empêtrée dans une nasse. Alors j'ai pris l'habitude de me taire... et d'aller consoler mes petits « après coups ». Quant à eux, ils ont développé le même instinct de survie que moi : ils venaient se réfugier dans mes bras dès qu'ils pouvaient lui échapper.

Aimaient-ils leur père ? Je crois qu'ils pouvaient l'aimer. Parce qu'il savait aussi les faire rire et s'occuper d'eux pour les faire manger ou les habiller quand il l'avait décidé. Je mentirais si je disais qu'il n'était qu'un monstre avec eux. Reste que les enfants en avaient peur, ça oui ! À cause des coups, bien sûr, mais aussi parce qu'ils ne savaient jamais ce qui allait leur arriver. Ils pouvaient faire des bêtises sans que cela ne le fasse réagir ou, au contraire, prendre des gifles ou des coups de poing pour rien. Il était tellement injuste avec eux...

*
* *

C'est d'ailleurs quand il a commencé à multiplier les violences envers les enfants que le projet de fuir a germé dans mon esprit. Mais lui, comme tous les maris violents je pense, avait le don de toujours me redonner espoir quand j'étais sur le point de craquer. Un de ses stratagèmes consistait à nous déplacer

*Acquittée*

de terrain en terrain, et même d'emplacement en emplacement sur un même terrain, ou de caravane en maison, pour me faire croire que « quelque chose allait changer ». Au total, nous avons déménagé une dizaine de fois en douze ans. Et chaque fois parce qu'il l'avait décidé.

À l'été 2003, libéré de son bracelet électronique, il m'annonce ainsi que nous faisons nos bagages. Il a envie de respirer un autre air. Il a besoin de voir un autre monde. C'est son côté « gens du voyage », sans doute. Direction Béthune. Un vrai terrain de voyageurs comme on en aperçoit quelquefois sur le bord des routes. Deux cents caravanes, si ce n'est plus. Il y a là une partie de sa famille, les enfants d'un de ses frères, des neveux et cousins éloignés.

Je n'étais pas contre l'idée de changer d'air. Pourquoi pas ? Et si cela pouvait briser la routine… De toute façon je n'avais pas le choix. Je me disais que ça lui ferait du bien, qu'il cesserait peut-être de tourner en rond en pataugeant dans son mal-être, qu'il verrait d'autres membres de sa famille, qu'il trouverait de quoi s'occuper… L'espoir a la vie dure… Mais rien n'a bougé. J'allais même connaître l'une des pires scènes de maltraitance (s'il est possible d'établir une gradation de ce genre de chose) que j'aie eu à subir.

Il avait installé notre petite famille dans trois caravanes. La première était une ancienne remorque à chevaux aménagée. Le confort y était relativement convenable : un large plan de travail, un micro-ondes, un petit congélateur, un évier à un bac, une gazinière, une machine à laver, etc. Les deux autres

*La descente aux enfers*

caravanes abritaient les chambres. Une grande pour nous et les trois enfants et une plus petite pour son premier fils Kévin, tout juste dix ans, qui venait de nous rejoindre. Celui-ci présentait des problèmes de comportement depuis son plus jeune âge au point que sa maman, Sylvie, ne savait plus comment le gérer. Kévin faisait beaucoup de bêtises. Il était brutal, répondait aux instituteurs, fuguait, et a bientôt décidé de venir vivre auprès de son père. Je dois dire que l'un et l'autre semblaient heureux de se retrouver et que Kévin, sans devenir un enfant sage de but en blanc, paraissait se calmer (un peu) à nos côtés.

Ce jour-là, donc, un jour d'été, les enfants jouaient à l'extérieur en attendant que je prépare le dîner. « Lui », comme souvent, était affalé dans un fauteuil et enchaînait verre sur verre. Il était saoul. Totalement saoul. Je ne sais plus pour quelle raison, mais j'étais agacée depuis le matin et, là, son attitude m'insupportait. Alors je lui ai dit : « Tu pourrais au moins m'aider. J'en ai marre que tu boives. Ce n'est pas un comportement de père de famille ! » Et il m'a répondu avec l'une de ses grossièretés habituelles : « Vas te faire enc… ! »

J'avais beau toujours avoir peur de ses réactions, cette fois-là, je n'ai plus supporté d'être humiliée, insultée et traitée ainsi. Alors j'ai rétorqué : « Non, vas-y toi… » Et ce fut un déchaînement de coups. Je ne peux me souvenir de tout dans le détail, tellement j'ai cherché à chasser cette scène cauchemardesque de ma mémoire pendant des années, mais voilà ce qui me revient en mémoire…

*Acquittée*

En une fraction de seconde, il se rue sur moi, m'empoigne plus fort que d'habitude, au niveau du cou, et commence à m'étrangler. Je hurle et hurle encore en espérant que quelqu'un vienne à mon secours (il était impossible de ne pas entendre mes cris d'une caravane à l'autre, surtout en cette saison où les portes étaient ouvertes), alors il serre encore plus fort au point d'étouffer mes cris. Je suffoque. Mais plus rien ne semble pouvoir l'arrêter. Il m'écrase la tête contre la porte du Frigidaire. Et me frappe. Des coups de poing. Des gifles. Un coup de tête... J'ai plus peur et plus mal que les autres fois. Je suis paniquée, totalement. Je crie beaucoup, encore, mais personne ne vient.

Je ne sais même plus comment cela s'est terminé. J'étais trop assommée par les coups. Il me semble qu'il s'est arrêté de lui-même, soudainement, et qu'il est sorti tandis que je suis restée prostrée pendant un temps qui m'a paru infini. Je n'étais plus que douleur. Dans les bras, les jambes, le ventre, sur le visage. Et je sentais une migraine enserrer ma tête dans un étau tellement je pleurais.


Mon mari n'avait jamais été aussi violent. Ce jour-là, il était comme une bête enragée. Et pour la première fois, je portais des traces manifestes de ses coups : des bleus un peu partout sur le corps, des marques au cou dues à l'étranglement et, juste au-dessus de l'arcade sourcilière, un hématome gros comme une balle de ping-pong.

*La descente aux enfers*

Jusque-là, je ne sais pas comment il se débrouillait, mais il faisait en sorte qu'il n'y ait pas de traces. Les coups de poing sur le corps, les coups de pied dans les jambes, il savait que je pouvais les dissimuler sous mes vêtements. Et quand il me frappait au visage, il le faisait avec suffisamment de « retenue » pour que les marques ne restent pas. Le faisait-il sciemment ? Je le crois, même s'il est difficile de l'affirmer. Mais cette fois-là, j'ai porté sur moi les stigmates de la violence conjugale comme cela n'était jamais arrivé auparavant. Je l'ai vu dans les yeux des enfants. Et je crois que c'est à cause de leurs regards, plus qu'en raison de mes propres souffrances, que j'ai décidé d'agir. Enfin.

\*
\* \*

Les heures et les jours qui ont suivi, nous n'étions plus un couple. Nous nous croisions sans nous adresser un regard. Il prenait ses repas de son côté, je faisais manger les enfants du leur en essayant d'avaler quelque chose, mais je n'avais pas d'appé-tit. Je le sentais me regarder d'un œil noir, comme si j'avais été fautive et que je devais être punie. D'ailleurs, l'une des seules fois où il m'a adressé la parole, ce fut pour me dire que je n'avais plus rien à faire dans notre chambre. Parce que je m'étais rebellée. Et il m'a obligée à dormir dans la caravane à chevaux, celle du coin cuisine. Il me l'a ordonné avec un ton si menaçant que je n'ai même pas osé aller me coucher avec les enfants, comme cela se produisait souvent.

119

*Acquittée*

Je me suis retrouvée assise à même le sol, adossée au mur, et j'ai encore pleuré. Je me suis sentie réduite à l'état d'animal, comme un vulgaire chien que l'on a puni. J'étais tellement salie, bafouée… Je ne pouvais plus tenir.

Les traces de coups ont eu un avantage : elles ont été remarquées. Et une femme de sa famille (que je connaissais comme la belle-sœur de l'une de ses nièces) ainsi qu'une autre dame, une voyageuse de passage dans le camp, m'ont questionnée. La première m'a écoutée – ce qui me paraissait déjà énorme, la seconde m'a persuadée d'agir et a décidé de me sortir de là. Ces deux femmes-là ne supportaient pas de me voir dans cet état. Je veux les remercier ici. Car elles m'ont convaincue, d'abord, d'appeler les gendarmes.

Il était parti je ne sais où – pour boire je suppose. Je me revois encore donner ce coup de téléphone. J'ai un gendarme au bout du fil et je lui dis que mon mari m'a violentée, que j'ai des marques de coups et que je veux porter plainte. Il m'écoute, note ce que je lui rapporte et m'annonce qu'une équipe va venir voir ça dès que possible.

Quel soulagement ! Je me sens comme libérée. Je l'ai fait ! Mais j'ai peur aussi. Que va-t-il se passer ? Que vont-ils me demander ? Comment va-t-il réagir ? Et voilà déjà la voiture de la gendarmerie qui arrive. Je vais à leur rencontre. Les voisins qui se trouvent là, autour de leur caravane, me laissent seule. Aucun ne bouge. Et les gendarmes restent

*La descente aux enfers*

dans leur voiture ! L'un d'eux observe de loin les traces que je porte sur le visage et me dit : « S'il n'y a que ça, on ne peut pas faire grand-chose, madame. Il n'y a pas de sang. » Et ils font demi-tour !

J'étais à terre. Peut-être plus encore qu'avant leur venue. Découragée. Je ne comprenais pas leur réaction. Ne voyaient-ils pas que j'avais le visage tuméfié ? Aurait-il fallu que je sois mourante ? J'étais perdue et, surtout, en colère. Alors, grâce à la voyageuse, j'ai décidé de mettre à exécution « le plan B » dont elle m'avait parlé. À l'insu de mon mari, j'ai préparé des sacs de vêtements, pour moi et pour les enfants, et je les ai cachés dans le camion de cette femme. J'ai dû m'y reprendre à plusieurs fois pour qu'il ne se doute pas de mon projet mais je crois que, cette fois, rien n'aurait pu me faire reculer. Il était acquis que je ne remettrais plus les pieds dans cette fichue caravane. Et que je le quitterais, oui !

C'est ce que j'ai fait le surlendemain, mercredi 29 octobre 2003. Évidemment avec les enfants. Il était hors de question que je les laisse avec ce monstre. Je les ai pris par la main et nous sommes montés dans le camion. Ils ne pouvaient pas comprendre ce que je préparais (ils n'avaient qu'entre un et quatre ans) mais ils m'ont immédiatement suivie. J'ai pris Kévin également. Ce n'était pas mon enfant, c'était son fils à lui, mais je voulais le sauver lui aussi, parce qu'il n'était pas plus épargné que les autres et parce que j'aimais ce gamin, malgré ses

*Acquittée*

bêtises et ses mauvaises manières. Il était, à mes yeux, dans la même galère que nous. Je ne devais pas me tromper car, bien que je l'aie prévenu au tout dernier moment et qu'il ne fût pas d'une nature à se laisser faire, il n'a pas hésité à sauter dans le camion.

J'ai dit aux enfants de se cacher, je me suis écrasée dans mon siège et la voyageuse a pris la route. J'avais tellement peur qu'il nous voie que je scrutais les alentours en guettant la moindre silhouette suspecte. La voyageuse nous a conduits vers une structure qu'elle connaissait, l'Union territoriale de prévention et d'assistance sociale, à Béthune. Et j'ai enfin pu souffler. Je restais pleine d'angoisse, évidemment, mais je me sentais en sécurité. J'ai d'abord été reçue dans le bureau d'une assistante sociale, une femme prévenante qui m'a demandé de lui raconter dans quelle situation je me débattais. Je lui ai expliqué que je subissais des violences depuis mon mariage, et que celles-ci devenaient insoutenables au point que, quelques jours plus tôt, il m'avait battue avec une telle férocité que j'en étais encore marquée. Et j'ai ajouté, mais avec plus de honte, que les enfants n'échappaient pas aux coups. « Je vais essayer de trouver un foyer pour vous et les petits », m'a annoncé l'assistante sociale avant de nous faire installer dans une pièce adjacente où nous pourrions prendre un repas.

Ces heures-là aussi, je les ai encore en mémoire. Elles m'ont paru interminables. Pendant que les enfants dévoraient un plat de petits pois, carottes et purée, je guettais la porte par laquelle entrait

*La descente aux enfers*

l'assistante sociale à intervalles réguliers. Mais toujours avec des mauvaises nouvelles. Elle n'obtenait pas de place pour nous. Elle avait beau me rassurer et échanger quelques mots avec les enfants pour les détendre, je voyais bien sur son visage, chaque fois qu'elle revenait, qu'elle se décourageait elle-même. Et puis, après avoir téléphoné à tous les centres d'accueil de la région, elle a fini par lâcher : « Il n'y a aucun foyer de libre. »

Nous n'avions qu'une solution : un hôtel Formule 1 à quelques kilomètres de là. « Nous prendrons en charge les premières nuitées en attendant de trouver un centre pour vous », m'a-t-elle expliqué avant d'ajouter : « Et il y a un autre problème : c'est le grand, Kévin. » N'ayant pas l'autorité parentale sur lui, je ne pouvais le garder auprès de moi. J'ai dû le laisser entre les mains des services sociaux. J'étais évidemment peinée, j'aurais voulu que cela se passe différemment, mais que pouvais-je faire ? « Et puis, m'étais-je dit, c'est un moindre mal… » Au moins, il n'était plus avec « lui ».

Nous avons séjourné une semaine dans cette minuscule chambre d'hôtel. Je préférais ne pas sortir et vivre cloîtrée plutôt que de prendre le risque d'être découverte. Et puis nous avions tous besoin de nous reposer. Les seules escapades que je nous autorisais consistaient à aller prendre des nouvelles auprès des assistantes sociales qui ne parvenaient toujours pas à nous trouver de point de chute. Une fois, une seule, j'ai osé emmener les enfants… au

*Acquittée*

Quick – je savais que ça leur ferait plaisir et ils n'en pouvaient plus de tourner en rond dans notre réduit – mais je n'ai pu m'empêcher de rester sur le qui-vive à chaque instant.

Ces sorties exceptées, mes journées se résumaient à attendre (quoi ? Je ne le savais pas vraiment) et à discuter avec les enfants. Ils me disaient qu'ils en avaient assez de nos disputes et me demandaient pourquoi leur père me tapait ainsi. Les pauvres, ils étaient si petits encore… Je leur répondais que tout finirait par s'arranger, mais que maman ne voulait plus souffrir et qu'en attendant il fallait que nous profitions de ces moments sans lui.

Nous recevions aussi de temps à autre la visite de la voyageuse et de cette « belle-sœur » qui m'avait apporté son soutien après la scène. Elles venaient prendre de nos nouvelles, et nous apporter quelques babioles pour que les journées paraissent moins longues. Elles étaient adorables. Et pourtant, sans le savoir, ce sont elles qui « lui » ont permis de remonter ma trace.

C'est la nièce de mon mari qui a tout gâché. Je ne crois pas qu'elle ait eu de mauvaises intentions, mais elle a suivi ces deux femmes pour savoir où je logeais et pour me supplier de revenir parce que son oncle, m'a-t-elle dit, était « désespéré ». Je l'ai congédiée mais le mal était fait. « Il » savait maintenant où me trouver. Et quelques heures plus tard, j'ai reçu un appel téléphonique. C'était lui. « Tu me manques » ; « Reviens, il le faut » ; « Je vais changer » ; « J'ai compris » ; « Je n'en peux plus »… Je n'ai pas cédé et je l'ai laissé se désespérer quelques jours encore.

124

*La descente aux enfers*

Mais au fond, j'avais déjà lâché prise. Le temps commençait à me paraître long, il m'avait (presque) convaincue qu'il était au plus bas, je savais qu'il pouvait désormais toquer à la porte à n'importe quel moment et, par-dessus tout, je croyais dur comme fer que, cette fois, oui, il avait compris...

Il est venu nous chercher en voiture. Nous n'avons échangé que peu de mots. Le trajet (qui n'a sans doute pas duré plus de vingt minutes) m'a paru interminable. Je voyais défiler la route et je ne pouvais m'empêcher de balancer, d'une seconde à l'autre, entre la peur et l'espoir. La peur de me retrouver à nouveau dans cette caravane avec les enfants ; et l'espoir qu'il tiendrait sa promesse. Il avait juré : « Je ne recommencerai pas... »

*
* *

Dix jours plus tard, nouveau rebondissement. Je suis convoquée au commissariat et entendue par un policier. Une enquête a été déclenchée après que j'ai laissé Kévin aux services sociaux. Il a été placé en institut médico-psychologique et, au cours d'un interrogatoire, « a raconté des choses », me dit le policier. Des « supposés attouchements qu'il aurait subis... », me précise-t-il. Alors je rapporte ce que je sais. En tout cas ce que Kévin m'en a dit : « Kévin m'a confié il y a quelques semaines qu'il était allongé sur son lit dans sa caravane quand son père, qui était assis sur le fauteuil, se serait retourné et l'aurait "touché" par-dessus ses vêtements. » Je poursuis : « Kévin m'a assuré que cela ne s'était passé qu'une seule fois. » Puis aussitôt je précise : « Seulement je tiens à vous dire que Kévin ment souvent et que, sur cette histoire, je ne le crois pas. » Alors le policier me demande des explications, des arguments, et je confirme : « Kévin ment beaucoup. Un jour, par exemple, il nous a fait croire que son beau-père, le nouveau compagnon de sa mère, l'avait frappé. Il avait effectivement un hématome sur la jambe. Nous avons appris ensuite que cet hématome provenait d'une bagarre à l'école. Kévin nous mène parfois en bateau, vous savez... » Puis je conclus, convaincue de ce que j'avance : « De toute façon mon mari serait incapable de commettre de tels gestes envers son fils ! »

À cet instant précis, je ne doutais pas de ce que j'affirmais. Qu'il soit violent, odieux, insultant et humiliant, ça oui, mais qu'il puisse agresser sexuellement l'un de ses enfants me semblait inconcevable.

Le même policier en profite alors pour m'interroger sur ma fugue des jours précédents, et je la lui raconte ainsi : je lui dis que mon mari et moi, nous nous sommes disputés et qu'il avait bu. Je dis « un ou deux verres de pastis ». Puis j'ajoute qu'il était très énervé, que c'est une personne qui s'emporte très facilement, que je l'ai insulté et qu'il m'a attrapée brutalement au niveau de la gorge pour me porter un violent coup de tête sur le visage. Je raconte... mais j'occulte ou transforme certains détails. Je suis

*La descente aux enfers*

partagée : pour la première fois j'ai la possibilité de saisir une main tendue par un représentant de la loi, mais j'ai peur, encore. Alors je précise : « Mon mari m'a promis qu'il ne boirait plus, qu'il allait se faire soigner et qu'il ne lèverait plus la main ni sur les enfants ni sur moi. » Pourtant le policier insiste : « Si toutefois il ne tenait pas ses promesses, êtes-vous prête à le quitter pour protéger les enfants ? » Je ne le laisse quasiment pas finir sa question : « Oui, je le ferai. Comme je vous l'ai dit tout à l'heure, je ne supporte plus qu'il s'en prenne à eux. »

Là encore, j'étais sûre de ce que j'affirmais. D'autant plus qu'il m'avait fait une promesse ; et non seulement je le croyais sincère, mais en plus je voulais penser qu'il était capable de la tenir. Et quand je jurais qu'il n'aurait pas de seconde chance s'il laissait passer celle-ci, je ne le disais pas en l'air.

Oui, mais voilà : les insultes, les menaces et les coups ne se sont pas fait attendre longtemps. Et à l'occasion d'une nouvelle dispute, il a eu ces mots terribles : « Tu vois comment j'étais avant. Eh bien maintenant je serai pire. » Cela aurait dû définitivement me convaincre de partir et de ne plus jamais revenir, or c'est exactement l'inverse qui s'est produit. Cette menace avait été proférée avec tant de haine que je n'ai même pas eu envie de prendre le risque une seconde fois…

\*
\* \*

« Je serai pire… »

*Acquittée*

Il n'avait pas menti. J'ai payé très cher ma tentative de le quitter. Et pas simplement par des coups. « Pire », avait-il promis.

Parmi les horreurs que j'ai subies, il y a celles qui furent liées aux rapports sexuels. Déjà, nos relations intimes n'avaient depuis longtemps plus grand-chose à voir avec ce que l'on doit vivre dans un couple normalement constitué. Nos rapports ressemblaient le plus souvent à ce qu'on appelle des « viols conjugaux ». Il me prenait de force, tout le temps, de façon animale. Je n'avais pas le choix. Je n'avais pas la force physique de me défendre. Quand il en avait envie, il soulevait ma jupe et me saisissait. Ces souvenirs sont abominables. J'avais mal et je pleurais, mais rien ne l'arrêtait.

Et puis un jour, il est allé encore plus loin. Il m'a forcée à faire l'inconcevable pour une femme qui n'a plus son libre arbitre. Il m'a souillée. Il m'a retiré ce qui me restait de dignité.

Il m'a obligée à me prostituer.

Une pareille monstruosité, c'est ce qui m'a été le plus difficile à accepter, à vivre bien sûr, et à reconnaître. Je n'en avais jamais parlé jusqu'à mon procès. Et je crois que j'aurais gardé ce secret pour moi toute ma vie si une amie n'avait pas évoqué cette abomination au tribunal.


Devant la juge d'instruction en charge de mon affaire, j'avais nié les faits. La juge m'avait interrogée ainsi :

– Je vous lis la déclaration de Brigitte X., votre amie, qui raconte vous avoir surprise en train d'avoir

*La descente aux enfers*

une relation sexuelle avec un inconnu, ce que vous auriez expliqué par une « histoire de dettes »…

– C'est totalement faux ! Je tombe des nues ! avais-je répondu.

– Et pour quelle raison dirait-elle cela si ce n'est pas vrai ?

– Je ne sais pas… Je ne sais pas !

J'aurais voulu ne pas pleurer, ne pas me trahir, mais c'était impossible. Alors j'avais cherché à faire diversion.

– Tout ce que je peux vous dire, c'est qu'une fois, un « ami » de mon mari m'avait demandé de le faire, mais j'ai refusé…

Je craquais. Je pleurais beaucoup. La juge tenta de me calmer en me posant des questions plus banales, puis elle revint à la charge.

– Êtes-vous bien sûre que ce que votre amie nous a raconté et que je vous ai lu tout à l'heure n'est pas vrai ?

Comment avouer une chose pareille ? Je ne le pouvais pas, même devant un juge. Alors j'ai inventé une autre histoire.

– Si, c'est vrai. Mais ce n'est pas ce qu'elle croit. C'est vrai que le frère dont je vous ai parlé a essayé de me violer. Il est venu dans la caravane, à un moment où j'étais seule. Il m'a empoignée. J'ai essayé de le repousser et c'est à ce moment-là que mon amie Brigitte est entrée. Ça doit être à cela qu'elle a fait allusion…

Pendant des années, je me suis dit que j'aurais préféré mourir plutôt que d'accepter cette ignominie.

129

*Acquittée*

Jusqu'au jour de mon procès, quand le tribunal a voulu connaître l'ampleur de mon calvaire et que Brigitte a été appelée à la barre pour raconter une nouvelle fois ce qu'elle savait.

Elle s'est avancée et a dit : « Je suis allée rendre visite à l'improviste à Alexandra. J'ai vu que Marcelo était absent. J'ai frappé et je suis entrée dans la caravane, comme il m'arrivait de le faire. Alexandra était allongée sur le lit, sur le dos, la jupe relevée à hauteur de son sexe, les jambes écartées. Un homme se tenait devant elle. Un homme très corpulent. Il s'est relevé et s'est posté devant moi, pantalon encore ouvert. Dès qu'il m'a aperçue, il est sorti. J'étais choquée, en colère. J'ai demandé à Alexandra : "Qu'est-ce que c'est que ça ? Qu'est-ce que ça veut dire ?" Et elle m'a répondu : "C'est comme ça. Marcelo lui doit de l'argent…" »

La présidente l'a remerciée puis s'est tournée vers moi : « S'il vous plaît, madame Lange, venez à la barre. » J'étais tétanisée de honte et de colère. « Est-il vrai que c'est arrivé ? » Je ne pouvais pas parler. Les mots restaient dans ma gorge. Je pleurais. J'ai dit : « Je ne m'en souviens pas… » Mais la présidente, avec son ton ferme et doux à la fois, a rétorqué : « Madame Lange, ce sont des scènes qu'on n'oublie pas… »

Et soudain j'ai entendu Brigitte qui criait : « Vas-y, Alex, dis-le ! Vas-y… » Et puis les voix d'autres amies, derrière, dans la salle : « Allez, Alex ! Allez, si c'est vrai, il faut le dire. » Alors j'ai pris une grande respiration, j'ai fermé les yeux et j'ai murmuré :

130

*La descente aux enfers*

« C'est vrai que c'est arrivé… Il disait que c'était pour rembourser des dettes. » Puis la présidente : « C'est arrivé souvent ? » Pour la première fois de ma vie, j'ai osé avouer cette ignoble vérité : « C'est arrivé une petite dizaine de fois… »

# – 5 –

## L'emprise

J'ai vécu douze années à ses côtés. Douze longues années. Douze années presque uniquement faites de souffrances (physiques et psychologiques) à son contact. Je ne m'explique pas pourquoi je suis restée si longtemps avec lui. J'étais « sous emprise », comme disent les psychologues.

En retraçant maintenant chaque étape, chaque coup, chaque torture supplémentaire, je commence à comprendre le mécanisme de cet engrenage infernal. De là à comprendre comment j'ai pu me laisser entraîner dans cette spirale, il me faudra sans doute encore quelques années. Quand je me retourne sur ce passé pas si lointain, je suis effarée, comme le lecteur je suppose, par ce que j'ai pu accepter.

Impuissance, naïveté, bêtise, faiblesse, candeur, lâcheté… On appellera cela comme on le voudra. Le fait est que, pendant toutes ces années, je me

*Acquittée*

suis laissé « manipuler ». De gré ou de force. Et naturellement je n'ai pas vu venir cette domination. M'en suis-je même rendu compte un jour ? Il a fallu l'heure de l'enquête et du procès, les témoignages des uns et des autres, les expertises psychologiques auxquelles je me suis prêtée au cours de l'instruction pour que je commence à en prendre conscience. Je saisis seulement aujourd'hui l'emprise que cet homme a peu à peu exercée sur mon corps et mon esprit. Et j'ai déjà compris une chose : plus le cauchemar durait, plus son emprise sur moi était grande et... plus le cauchemar pouvait durer longtemps.

Les forums de discussion, les débats, les conférences, les campagnes de prévention, les associations d'aide aux femmes battues et même, maintenant, les structures d'écoute et de soins pour hommes violents ne manquent pas. Un peu partout on croise le même « portrait type » du « bourreau » et de sa victime : l'homme qui a recours à la violence trouve dans l'emploi de celle-ci « un mode d'emprise sur la vie familiale et de contrôle sur sa partenaire ». Cette conduite est utilisée comme « un moyen de régler les conflits », de « mettre fin à toute opposition de la part de sa compagne et d'obtenir une réponse immédiate à ses besoins ». L'usage de la violence est « culturellement renforcé par l'image courante de la virilité, le stéréotype masculin ne favorisant pas d'autre mode d'expression des émotions ». Pour l'ensemble, « ces hommes ont une conception

*L'emprise*

rigide des rôles masculin et féminin, ils minimisent ou nient leur violence, ils ont peur de perdre leur compagne et ils ont besoin d'elle – ce qui n'excuse évidemment pas leur violence ». Pour la plupart, les hommes violents savent « donner d'eux-mêmes à l'extérieur du cercle familial une image tout à fait respectable ». Souvent, « la violence au sein d'un couple n'est pas même soupçonnée par les proches et les amis » ou, lorsqu'elle l'est, « son ampleur est presque toujours minimisée, volontairement ou non ». Et encore : « La violence n'est jamais causée uniquement par la consommation d'alcool, de drogues ou par le stress. L'homme qui a des comportements violents choisit d'en avoir, et il est toujours responsable de ses comportements. »[1]

Je peux reprendre cela à mon compte, évidemment. Tout comme je peux me reconnaître dans ce que l'on peut lire sur « la victime ». Pourquoi une femme battue ne part-elle pas ? Parce qu'elle garde toujours en tête « l'espoir d'une modification possible des comportements du conjoint » ; parce qu'elle a « le souci de préserver l'unité familiale et de ne pas priver les enfants d'un père aussi longtemps que cette violence ne les met pas en danger » ; parce qu'elle est tiraillée par « la peur de se voir retirer ses enfants, les pressions extérieures, la réprobation de l'entourage ». Et puis : « Une femme souhaitant

---

1. Descriptions tirées de plusieurs sources : SOS Femmes battues, L'Accueil pour Elle (centre d'aide et d'hébergement pour femmes victimes de violence conjugale et leurs enfants), www.stop-violences-femmes.gouv.fr, etc.

*Acquittée*

échapper à une telle situation doit souvent le faire seule, envers et contre tous » ; elle est « confrontée à l'isolement social », à « l'absence d'opportunité pour obtenir de l'aide », au « manque de ressources économiques », aux « obstacles matériels à surmonter (trouver un hébergement, un emploi, un nouveau logement…) ». Elle doit faire face aux « menaces graves, à la peur des représailles sur elle-même, les enfants ou les proches », au « chantage au suicide du conjoint, qui s'accentue au moment où la femme décide de rompre », aux « réticences à affronter les institutions et, éventuellement, le système judiciaire »[1].

Je suis tombée dans chacun de ces pièges, oui. Mais c'est tellement facile de les identifier « après coup ».

Et balayons une fois pour toutes l'idée reçue, trop répandue chez ceux qui n'ont jamais côtoyé la violence conjugale de près ou de loin, selon laquelle « Une femme battue doit aimer cela, au fond, parce que sinon elle partirait »… C'est abject et insensé d'oser penser cela. Tous les spécialistes, travailleurs sociaux, psys, membres d'associations d'aide aux victimes de violences conjugales le savent : aucune femme n'aime être violentée. Il n'y a que « les apparences » qui peuvent le laisser croire.

\*
\* \*

---

1. *Idem, ibidem.*

*L'emprise*

Ma vie dans la violence conjugale ne serait qu'une histoire parmi d'autres si elle ne s'était pas terminée par ce procès « exceptionnel », comme l'ont qualifié les journalistes.

Comme toutes les femmes battues, j'ai été « isolée socialement ». « Enfermée dans une bulle. » Je l'ai dit, nos déménagements successifs y ont contribué. Consciemment ou non, « il » nous faisait ainsi disparaître dès qu'un voisin, un gendarme ou une éducatrice se penchait sur notre (son) cas. C'est ce qui arriva, par exemple, après la tentative de fugue avec les enfants et les auditions pour ces histoires d'attouchements. Trois ou quatre mois après nous être installés sur le camp de voyageurs, à Béthune, nous avons fait machine arrière pour revenir sur le terrain de nos débuts, à Émerchicourt. En écrivant ce livre, je me suis fait cette réflexion : retour à la case départ, mais hélas sans toucher les vingt mille euros… J'ai besoin de cette forme d'ironie pour ne pas sombrer.

Ces déménagements et les « écarts de conduite » (si j'ose dire) de mon mari m'ont également peu à peu éloignée de ma famille et de mes amis. Plus personne ne pouvait comprendre que je reste avec un type pareil et, plus encore, il recevait tellement mal mes proches qu'ils finissaient par se lasser de nous rendre visite. Sans compter son insistance à me faire comprendre qu'il n'appréciait ni mon frère, ni ma sœur, ni mes parents, quand il ne m'interdisait pas de les fréquenter. Au final, seul mon père, qui se fichait pas mal de ce que mon mari pouvait penser et qui était trop inquiet pour me laisser seule très

*Acquittée*

longtemps, a continué sans relâche à maintenir un lien entre nous.

Au cours de l'instruction, mon frère Yohan a raconté un fait que j'avais oublié mais qui en dit long sur la bulle dans laquelle je vivais : il a expliqué avoir découvert la naissance de Saraï et Josué en me croisant au supermarché avec eux…

Comment a-t-il réagi ? Quelle explication ai-je pu lui donner ? Je n'en ai hélas pas le moindre souvenir. Cet épisode-là fait partie de la litanie des petites hontes que j'ai inconsciemment chassées de ma mémoire. J'imagine que j'ai baissé la tête et que j'ai été avare en paroles. Car tout au long des premières années de notre union, non seulement j'ai caché le plus possible à mes proches l'enfer dans lequel j'étais en train de m'engluer, mais j'ai parfois évité de les voir par crainte des représailles maritales.

La violence conjugale dresse un mur invisible entre ce que le couple vit dans son intimité et ce qu'il vit « à l'extérieur ». Certaines femmes battues parviennent à conserver une vie sociale. Mais pour y parvenir, elles doivent faire des efforts considérables afin que personne ne puisse entrevoir ce qui se passe derrière le mur. D'autres, comme moi, perdent peu à peu le contact avec l'extérieur. Et là encore c'est un cercle vicieux.

L'emprise, c'est une forme de perte de sa propre liberté. Par périodes, mon mari m'interdisait par

*L'emprise*

exemple de porter des pantalons ou des jupes courtes. Je n'avais droit qu'aux robes longues. De préférence très couvrantes, jusqu'aux poignets et chevilles. Selon lui, une femme devait être habillée ainsi. Cela provenait en partie de sa culture gitane – et sur ce point je n'ai pas de jugement à porter –, mais je ne peux m'empêcher de penser que c'était une autre manière de m'emprisonner et de me garder pour lui. Toutes proportions gardées, mes robes longues étaient mes burqas à moi : des voiles censés me protéger des regards des autres.

S'il me voyait avec un pantalon, il m'ordonnait de l'enlever et, si je protestais, il pouvait s'emporter en promettant qu'il les déchirerait tous. Et il ne plaisantait pas. Je me souviens qu'un jour, il m'avait menacée avec une telle conviction de balancer mes pantalons aux ordures que j'ai vidé mes placards, j'ai mis deux ou trois pantalons dans un sac-poubelle, le reste « à l'abri », et je lui ai dit que j'avais tout jeté moi-même. Comme je l'avais prévu, il m'a demandé des preuves de ce geste et je lui ai montré le sac… Mais cet épisode n'était qu'un sursaut d'orgueil. La plupart du temps, je me pliais à ses volontés.

Je ne dois plus avoir honte de dire que j'ai peu à peu été réduite au rang d'esclave. Il m'y a forcée, bien sûr, mais je n'ai pas su dire non. Ou pas assez. Plutôt que d'être insultée ou battue, je préférais le plus souvent m'arranger pour supporter le moins mal possible ses exigences. Les « petites courses de réapprovisionnement », par exemple. C'était tout le temps. Presque tous les jours. Et

*Acquittée*

à pied ! Depuis notre terrain d'Émerchicourt, je devais marcher jusqu'à Aniche (quatre kilomètres) ou Auberchicourt (cinq kilomètres). Alors, quand je devais y aller, je ne faisais pas le voyage pour rien ! J'en profitais pour me rendre à la poste ou à la pharmacie, pour tirer de l'argent au distributeur automatique et j'essayais de faire suffisamment d'achats pour « tenir » plusieurs jours. Mais au final, je ne disais pas non. Et cela m'occupait deux-trois heures. Chargée comme un baudet, je portais les sacs, généralement accompagnée des enfants qui préféraient presque toujours ces longues marches plutôt que de rester à la caravane.

Quand les insultes et les humiliations sont quotidiennes, et les coups presque aussi fréquents, on s'installe dans une forme de soumission : plutôt que de risquer une nouvelle colère, de nouvelles souffrances, mieux vaut se taire, croit-on. Les dernières années, j'avais même pris l'habitude de baisser les yeux dès qu'il élevait la voix ou que je pressentais ce qu'il allait faire. Là encore, je ne m'en suis réellement rendu compte qu'après le drame. Parce qu'on me l'a fait remarquer. Il faut imaginer la scène : une femme qui baisse la tête devant son mari…

Ces images-là me sont effectivement revenues en mémoire. Je devais agir ainsi parce que je me sentais inférieure à lui, certainement, vu les qualificatifs dont il me gratifiait, mais surtout parce que j'avais peur. Je baissais les yeux pour fuir les siens, pour ne pas affronter ce regard glacial qui me faisait mal avant même qu'il ne me touche.

*L'emprise*

*
* *

Comme tous les maris violents, m'a-t-on dit, le mien était un manipulateur hors pair. Il savait m'amadouer dès qu'il sentait qu'il risquait de me perdre. Comme la fois où j'ai fait la fugue. Il savait user du mensonge ou de la victimisation pour se faire plaindre. Que ce soit auprès de moi ou des autres, le but était toujours le même : dissimuler et fuir. Dissimuler notre quotidien. Dissimuler sa violence et ce qu'il était. Fuir ses responsabilités. Fuir la réalité.

Un de ses grands classiques était de m'annoncer qu'il était brutalement atteint d'une maladie grave. J'en souris presque aujourd'hui, mais je suis obligée de reconnaître que ces inventions, aussi farfelues soient-elles, ont pu m'émouvoir. Je me souviens notamment d'un jour où, l'air grave, il m'annonça qu'il avait contracté le sida. C'était à l'issue de son séjour en prison pour conduite sans permis et en état d'ébriété. C'était tellement gros… Mais comment être certaine que ce n'était qu'affabulation ? Il savait tellement y mettre les mots, les formes, histoire de m'inquiéter, voire de me faire culpabiliser de lui causer tant d'ennuis ! Plus tard, ce sera un cancer de la prostate ou des poumons. Je ne pouvais m'empêcher de penser que cela faisait beaucoup pour un seul homme, et en même temps je ne pouvais me résigner à faire comme si de rien n'était. Il était tellement doué pour semer le doute ! Je le voyais partir à des rendez-vous chez

141

*Acquittée*

le médecin et revenir le visage défait et le regard sombre, comme quelqu'un qui vient d'apprendre une mauvaise nouvelle. Si je le questionnais, le peu de réponses qu'il m'apportait étaient suffisamment vagues pour que je n'en sache ni trop ni pas assez. Et il réussissait son coup presque à chaque fois : je doutais et – dois-je l'avouer ? – m'inquiétais. Il était pourtant capable de me raconter les histoires les plus extravagantes. Je me rappelle par exemple le jour où il m'a dit vouloir changer de médecin parce que celui qui le suivait ne lui diagnostiquait pas de cancer et refusait de lui administrer un traitement…

Mon mari avait d'ailleurs compris que cette stratégie de « victimisation » pouvait fonctionner car il l'a utilisée avec d'autres. Un couple de voisins, une amie, un copain de son fils… Tous ont, un jour ou l'autre, entendu parler de ses cancers. Il ne choisissait pas ses interlocuteurs au hasard. Si je fais la liste de ceux-là, il est remarquable de constater qu'ils faisaient partie de nos relations les plus proches et donc qu'ils étaient susceptibles de deviner ce qu'il me faisait endurer. Avec eux comme avec moi, ses inventions avaient un but précis : se donner l'image d'une victime pour chasser celle du bourreau.


Un autre épisode me revient en tête. Absurde lui aussi. C'était un soir de Noël. Il était saoul et s'en est pris aux enfants de son frère Claude : il essayait de les « piquer » avec une paire de ciseaux, m'a-t-on raconté. Était-ce encore un de ses jeux stupides ou une de ses crises de cruauté ? Quoi

*L'emprise*

qu'il en soit, la mère des enfants, prise de panique, a immédiatement appelé son mari à la rescousse et une bagarre a éclaté entre les deux hommes. Quelques heures plus tard, il est venu se plaindre à moi en m'expliquant qu'il avait reçu des coups de couteau sur la jambe et, pour me prouver que son frère l'avait agressé, m'avait montré ses blessures. Seulement je ne comprenais vraiment pas comment il avait pu être entaillé à la jambe sans que son pantalon porte la trace de la moindre déchirure ! Je n'ai su qu'après ce qui s'était réellement passé. Au cours de leur dispute, mon mari avait sorti son couteau et en avait donné un coup au visage de son frère. Il avait fallu l'intervention des pompiers, puis celle des gendarmes, pour calmer la situation. Bilan pour Claude : une trentaine de points du suture, du nez jusqu'à l'oreille. Et pour mon mari : un aller-retour à la gendarmerie. C'est alors qu'il se serait blessé lui-même – je n'ai jamais trouvé d'autre explication – pour que je prenne son parti...

Les maris violents sont ainsi : ils mentent aux autres autant qu'ils se mentent à eux-mêmes. Et parce qu'il arrive toujours un moment où ils doivent se justifier, c'est leur façon de (se) dire : « Ce n'est pas ma faute. »

Je crois que, comme la plupart des compagnons violents, rien ne pouvait arrêter mon mari quand il se sentait pris au piège de ses propres monstruosités. Je me souviens par exemple qu'il avait fait courir une rumeur immonde à mon propos. C'était vers la fin 2005, quand la violence et les insultes étaient

*Acquittée*

devenues si fréquentes que beaucoup, dans notre entourage, commençaient à avoir des doutes. Il avait fait courir le bruit, sur le marché de Pecquencourt, que je couchais avec l'un de nos amis. Je savais pertinemment que je n'avais rien à me reprocher, que tout cela était de la pure invention, mais j'étais évidemment blessée à l'idée d'imaginer que certains pouvaient croire de telles sottises, proférées par mon propre mari de surcroît. Pourquoi racontait-il cela ? Quel plaisir y trouvait-il ? La réponse me paraît aujourd'hui évidente : il voulait me faire passer pour une fille facile qui couche avec tout le monde. Cela avait le double avantage de me rabaisser, encore une fois, mais aussi de le dédouaner de sa violence et, pourquoi pas, d'inspirer la pitié. Avec une femme comme ça, n'était-il pas compréhensible qu'il se montre colérique et dur ?

On dit que le mensonge est le pain quotidien de la violence conjugale et je ne pourrais évidemment pas prétendre le contraire. Un mari violent ment et se ment à lui-même pour cacher ce qu'il est. Et c'est exactement la même chose pour une femme battue. Je l'ai déjà dit, l'espoir du changement est l'une des raisons qui expliquent pourquoi une femme violentée ne part pas. Mais c'est encore une histoire de mensonge. Pour moi aujourd'hui, il va de soi que, dans la situation qui était la mienne, avoir cet espoir, c'était me mentir à moi-même.

*L'emprise*

À deux reprises « il » a voulu arrêter de boire. Je ne devais plus acheter d'alcool et, lorsqu'il m'accompagnait pour faire les courses, il me disait : « Non, ne passe pas là, je vais être tenté… » Cela apportait un peu de calme au sein de notre foyer, les scènes étaient (un peu) moins fréquentes, il se montrait moins agressif envers les enfants, alors je me disais : « Peut-être que cette fois, oui, il va réussir à changer. » Mais ce n'était qu'illusion : son caractère restait le même, il pouvait s'emporter à tout instant et notre relation était toujours celle du « dominant » et de la « dominée ». Ces moments-là n'étaient que de courtes pauses sans lendemain.

Pour être honnête, je dois dire que mon mari a sans doute cru lui aussi qu'il était capable de s'amender. Cela n'a pas dû arriver très souvent, certes, mais ce serait trop facile pour moi de raconter qu'il n'a été qu'une brute sans scrupules ni remords. Non, il a dû y croire. J'ai le souvenir d'une carte postale qu'il m'avait adressée quand il était en Alsace, pour les vendanges, et dans laquelle il me demandait « pardon pour [son] comportement et pour les disputes » ; ou encore d'un courrier qu'il avait écrit à ma mère et qui, avec le recul, force à s'interroger. À l'époque, il m'avait simplement expliqué qu'il lui avait envoyé « une lettre d'excuses » (c'était quelque temps après leur altercation et la gifle), sans m'en donner les détails.

J'ai pu avoir accès à cette lettre au cours de l'enquête. La voici retranscrite telle qu'il l'a rédigée, j'ai juste corrigé les fautes d'orthographe.

*Acquittée*

« Chère Evelyne,

» Je te fais ce petit mot pour te dire quelque chose de très important.

» En premier lieu je dois te demander pardon pour tout le mal que je t'ai fait et si tu ne veux pas me pardonner ce n'est pas grave. Mais s'il te plaît donne des nouvelles à Alex. Tu sais, tu as trois beaux petits-enfants par la grâce de Dieu et de Notre Seigneur Jésus-Christ notre Sauveur. Je te donne notre adresse... »

Signé : « Marcelino ».

PS : « Pardon. »

Croyait-il ce qu'il écrivait ? S'en voulait-il vraiment ? Était-il réellement pris de regrets et tourmenté par ce qu'il était en train de devenir ? Voulait-il se donner bonne conscience ? Mentait-il sciemment, encore une fois, pour redorer son blason ? Je serais bien incapable de le dire. Aucune de ces hypothèses n'est plus recevable qu'une autre mais une chose est sûre : à l'époque, j'ai forcément cru que sa démarche était sincère. Et c'est précisément cela qui emprisonne une femme battue dans l'espoir que sa vie s'adoucira un jour.

*
* *

On ne reste pas douze ans avec un homme violent sans cet espoir. Je ne suis pas masochiste. Je n'ai jamais considéré que les violences étaient une fatalité. Que c'était mon destin d'être battue. J'ai tenu tellement longtemps parce que je n'ai jamais cessé

*L'emprise*

de croire qu'« il » finirait par prendre conscience de ce qu'il était devenu.

Au risque de paraître cynique, je dirais qu'il m'a donné espoir, également, en… tentant de se suicider. J'expliquerai plus loin pourquoi. Car oui, il a tenté de mettre fin à ses jours. Et pas une fois, pas deux, pas trois. Près d'une quinzaine de fois. Il a été hospitalisé à Denain, Lens, Douai, Lille… (Est arrivé un moment où j'ai arrêté de compter et de faire la liste.) Toutes ces tentatives ont eu lieu dans une courte période, entre 2004 et 2005, quand sa violence est devenue une routine. En avait-il assez, lui aussi ? C'était après la prison ; après ma fugue avec les enfants ; au cœur de ses pires excès d'ignominie…

J'ai parfois eu peur pour lui. D'autres fois pas du tout. Mais presque chacun de ses passages à l'acte a été pour moi l'occasion de croire, sinon à un nouveau départ, au moins à un « déclic ».

La première fois est restée gravée dans ma mémoire. Nous nous trouvions sur le terrain de son père, en caravane à Émerchicourt. Comme souvent quand il était saoul ou qu'une dispute plus violente que les autres avait éclaté entre nous, il avait passé la nuit dans un fauteuil du « coin salon ». C'est là que je l'ai découvert au petit matin en me réveillant. J'ai tout de suite vu sur son visage que quelque chose d'anormal se passait. Il était étourdi par les cachets. J'ai appelé les secours qui sont arrivés en urgence. Ils m'ont demandé ce qu'il avait pris. Je ne le savais pas, mais on pouvait aisément s'en faire une idée en voyant les boîtes de médicaments et les bouteilles d'alcool disposées autour de lui. Ils ont essayé de l'interroger sans grand succès, ont fait le compte des plaquettes qui étaient à portée de sa main et dont il ne restait plus que l'emballage, puis l'ont emmené pour lui faire faire un lavage d'estomac. Comme cela se reproduira presque à chaque fois, son hospitalisation a duré vingt-quatre heures. C'était une fausse alerte. J'oserais presque écrire « une fausse tentative ». Je crois pouvoir affirmer qu'il n'a jamais songé réellement à se donner la mort. Il avait sous la main de quoi avaler beaucoup plus que quelques cachets.

Une autre fois, il a changé de méthode. Et les circonstances qui ont entouré cette tentative ne sont évidemment pas anodines.

Il avait rendez-vous un matin au commissariat pour être interrogé sur les faits présumés d'attouchements sur son fils Kévin. Je l'ai entendu partir mais il ne s'est pas présenté aux policiers : ceux-ci me l'ont appris un peu plus tard, à la maison, en me demandant s'il était avec moi. J'ai répondu que non, bien sûr. Ils ont vérifié qu'il ne se cachait pas dans la caravane puis nous avons cherché alentour quelqu'un qui l'aurait vu. C'est une aide-ménagère qui travaillait auprès de mon beau-père qui nous a mis sur sa piste. Elle l'avait aperçu le matin même « se dirigeant vers le fond du terrain ». Les agents de police m'ont priée de ne plus bouger et sont allés

*L'emprise*

voir. Je les ai entendus crier son nom, sans résultat dans un premier temps, jusqu'à ce qu'ils insistent à l'intérieur d'une petite maison à l'abandon. « Je suis là… », a-t-il fini par répondre d'une petite voix. Il était monté sur une échelle pour se pendre à une poutre du plafond. Mais il n'a jamais sauté.

J'ai connu une personne qui s'est suicidée. Le père d'une amie. Cet homme-là n'a rien dit à personne. Il s'est éclipsé et un quart d'heure après c'était trop tard. Il s'était pendu. De mon point de vue, quand on veut vraiment se tuer, on ne se loupe pas. Ce matin-là, encore une fois, mon mari aurait eu largement le temps de se jeter dans le vide s'il avait réellement voulu mettre fin à ses jours.

Est-ce que je regrette qu'il ne l'ait pas fait ? Je ne sais pas. Je l'ai souvent répété tout au long des mois qui viennent de s'écouler, devant les enquêteurs et la juge d'instruction, devant les journalistes, à mes avocates et mes proches : je n'ai jamais voulu tuer mon mari. Je n'ai jamais souhaité sa mort. Jamais. Mais aujourd'hui, j'ose parfois penser que cette mort-là aurait été une fin moins tragique.

La plupart des experts qui se sont penchés sur les comportements suicidaires expliquent qu'une tentative de suicide est le plus souvent motivée par le besoin de se libérer d'une situation devenue intolérable. Ils disent aussi que la tentative de suicide est un acte de désespoir souvent précédé par des comportements alcooliques et toxicomaniaques. Que chez les « suicidés », il y a un sentiment de rejet

*Acquittée*

dû à une perte des liens familiaux et professionnels, ainsi qu'un isolement social important. La tentative de suicide serait « un message désespéré adressé à l'entourage perçu comme hostile ou indifférent à leur mal-être ». D'une manière plus générale et simple, on considère qu'une tentative de suicide est un « appel au secours », un « appel à autrui pour qu'il intervienne ». Je ne suis pas psychologue et je ne saurai jamais ce que mon mari avait en tête, mais je suis aujourd'hui persuadée qu'il s'agissait de cela.

Est-ce qu'il ne supportait pas ce qu'il était devenu ? L'homme violent qu'il était avec moi ? Notre vie ? Dans ses moments de lucidité, avait-il honte du monstre qu'il pouvait être en d'autres instants au point d'en arriver à cette issue extrême ? Voulait-il susciter l'attendrissement, le pardon ? Il y a forcément un peu de tout cela. Ce que j'appellerais la « mise en scène » de la pendaison, quand les policiers souhaitaient l'interroger au sujet de Kévin, me conforte dans cette idée. Le connaissant comme l'on connaît un homme avec qui on a vécu douze ans, j'ai tendance à penser qu'il n'aurait pas imaginé cette mise en scène s'il n'avait rien eu à se reprocher, et voulu, par cette dramaturgie, inspirer la clémence.

Quoi qu'il en fût, je le répète et cette fois je l'explique, ses « tentatives », elles aussi, alimentaient mon espoir. D'abord parce qu'à chaque fois s'ensuivait une période d'accalmie (sans doute l'effet des traitements que lui administraient les médecins), mais surtout parce qu'à chaque fois ou presque il me disait qu'il en avait assez de cette vie-là et qu'il voulait que cela change. Et puis il répétait souvent qu'il voulait rejoindre sa mère, morte depuis près de vingt ans. Elle lui manquait terriblement. Je ne l'ai pas connue, mais je crois qu'il y était effectivement très attaché, comme je peux être attachée à mon père. En fait, il me « prenait par les sentiments », si j'ose dire, et ce serait mentir que d'affirmer que cela ne me touchait jamais.

Une seule fois, j'ai osé me dresser contre ces « appels au secours » auxquels je croyais de moins en moins. Hasard ou coïncidence, ce fut d'ailleurs sa dernière tentative. Il avait ingurgité je ne sais combien de médicaments. Il était encore dans un état comateux. Comme d'habitude, j'ai prévenu les pompiers, qui l'ont dirigé vers l'hôpital de Denain pour un lavage d'estomac, comme d'habitude, là aussi. Mais cette fois-là, un psychiatre m'a convoquée dans son bureau.

Il m'a demandé ce que je vivais, comment « il » était, puis m'a annoncé que le cas de mon mari était suffisamment lourd et inquiétant pour qu'il soit interné dans un hôpital psychiatrique. « Qu'en pensez-vous ? », a-t-il poursuivi en attendant mon approbation. J'ai hésité et il a insisté : « Croyez-vous que cela puisse être une solution ? » J'ai répondu « oui... » du bout des lèvres. On pourrait imaginer que je voulais me débarrasser de lui. Ce n'est pas cela. Je me disais qu'il avait besoin d'aide. Je me disais que s'il était malade (de quoi ? pourquoi ?

*Acquittée*

je n'en savais rien), nous trouverions peut-être là l'occasion de le soigner.

« Seulement, j'ai besoin d'une chose, a continué le psychiatre. Il faut qu'un membre de la famille fasse une demande d'internement. » C'est ce qu'on appelle une « hospitalisation à la demande d'un tiers ». Une procédure très codifiée. Pour simplifier, disons qu'il existe en France trois modes d'hospitalisation pour faire entrer quelqu'un dans un hôpital psychiatrique. Ces trois modes sont régis par la loi du 27 juin 1990 « relative aux droits et à la protection des personnes hospitalisées en raison de troubles mentaux et à leurs conditions d'hospitalisation ». Le premier mode, le plus courant, est appelé « hospitalisation libre » et concerne toute personne internée avec son consentement. Le deuxième, pour les cas les plus lourds, est l'« hospitalisation d'office » : elle concerne les malades dont les troubles mentaux compromettent l'ordre public ou la sûreté des personnes et elle est signée par les préfets après avis des médecins. Et entre les deux, il y a l'hospitalisation à la demande d'un tiers : une personne peut être hospitalisée sans son consentement si ses troubles mentaux rendent impossible ce consentement alors que son état général nécessite une surveillance en milieu hospitalier.

« C'est une demande manuscrite que vous devez formuler... », a repris mon interlocuteur en me montrant le document. Il fallait que j'inscrive mon nom, mon prénom, que je date et signe... Autant dire que j'ai hésité. Le médecin me faisait comprendre que c'était la meilleure solution mais je

*L'emprise*

me doutais bien, aussi, que si mon mari découvrait que je l'avais fait enfermer…

J'ai finalement signé et ma signature lui a valu d'être hospitalisé six mois. Six mois de répit. Pour tout le monde. C'était la première fois que nous étions séparés si longtemps depuis notre rencontre, surtout au cours des premières semaines pendant lesquelles je n'étais pas autorisée à lui rendre visite. Nous pouvions seulement nous parler au téléphone mais il était tellement assommé de médicaments que nos conversations tournaient court. Et puis, avec le temps, j'ai pu aller le voir avec les enfants. Quand il n'était pas trop abruti par les cachets, nous réussissions alors à vivre un moment « agréable », autant que ce soit possible dans ce genre de situation. Il prenait de nos nouvelles et nous donnait des siennes, racontait ses journées, les rendez-vous avec les infirmiers, le psy, le suivi de son traitement, les repas, ses sorties encadrées pour marcher ou faire du vélo.

De mon côté, entre deux visites, je restais à la caravane avec les enfants en me contentant de passer des journées sans pleurs. Cela me suffisait. Jusqu'au jour où, je dois le confesser, je me suis laissée aller à la tentation de l'adultère. Ce n'est arrivé qu'une fois. C'était avec un homme que je croisais régulièrement et depuis longtemps en allant faire les courses. Nous avions pris l'habitude de nous saluer, puis d'échanger quelques mots, puis des conversations plus longues. Et j'ai profité que mon mari soit mis à l'écart pour aller plus loin. Je sais évidemment que cela n'était pas correct, mais là encore, avec le recul, je comprends : c'était une période où je

*Acquittée*

me sentais plus forte. J'avais desserré l'étreinte de l'emprise. Je voulais savoir également, cela va de soi, si je pouvais encore plaire. Si je pouvais recevoir du réconfort et de la tendresse. Si je n'étais pas uniquement la « bonne à rien » que mon mari m'accusait d'être depuis tant d'années.

\*

\* \*

L'emprise qu'exerce un mari violent sur sa compagne ne peut pas se comprendre si l'on occulte les moments où la vie reprend son cours normal. Comme en mer, le calme n'est jamais aussi appréciable qu'après une tempête. Les semaines qui ont suivi la série de tentatives de suicide et la longue hospitalisation de mon mari ont été de ces moments-là. Les médicaments nous y ont aidés, certes, mais même artificielle, cette « entente cordiale » était la bienvenue. Je crois n'avoir jamais autant cru à un possible changement qu'à cette époque-la.

Je me souviens qu'il avait fugué de l'hôpital quelques semaines avant le terme de son internement. J'étais en train de préparer le repas des enfants quand je l'ai vu apparaître. Il venait de faire quinze kilomètres à pied ! Je lui ai demandé, surprise, ce qu'il faisait là et il m'a répondu qu'il ne supportait plus son hospitalisation, qu'il voulait « rentrer à la maison », que nous lui manquions, qu'il avait « besoin d'être avec [nous] »… Je l'ai trouvé changé, différent. Je me suis dit : « Ce n'est plus tout à fait le même homme. »

154

*L'emprise*

Et puis, après qu'il eut été rattrapé par les infirmiers, il y avait eu les rendez-vous avec le psychiatre qui devait évaluer la pertinence de lui rendre sa liberté. Au cours de ces entretiens, il ne cessait de dire qu'il avait des remords, qu'il demandait pardon pour ce qu'il m'avait fait subir et qu'il avait « pris conscience de la situation ». Je l'ai cru. Encore ! pensera-t-on. Oui, mais cette fois avec l'assentiment des médecins qui l'ont autorisé à sortir. Et je dois admettre que je n'ai pas eu à le regretter. Pas immédiatement en tout cas. Il était soudain capable de se montrer attentionné avec les enfants, de les prendre sur ses genoux, de leur préparer à manger ou de les aider à s'habiller (cela pourra sembler surprenant à n'importe quel couple normalement constitué, mais ces petites attentions si simples étaient pour moi des cadeaux exceptionnels qui suffisaient à me redonner le sourire).

Déjà avant son internement, dans les périodes de médications à haute dose qui suivaient ses tentatives de suicide, il pouvait me parler sans me hurler dessus ni m'insulter. Il a même pu nous amuser, parfois. Il a su faire rire les enfants et chacun de ces instants de répit, je le sais aujourd'hui, m'a permis d'entretenir l'espoir pendant des années. Car mon mari était capable de tout cela mais, hélas, il ne nous en a fait profiter qu'en de très rares occasions.

Et surtout, la tempête n'était que plus forte après le calme… Et cela n'a pas manqué après son passage en hôpital psychiatrique et le traitement qui l'a « assommé » pendant quelques mois. Le cours « anormal » des choses n'a finalement pas tardé à se

*Acquittée*

rappeler à mes mauvais souvenirs. Et je n'en ai pas été la seule victime. L'un de nos amis, qui pourtant avait voulu nous aider, en a fait lui aussi les frais avec son épouse.

*
* *

Georges était un ami de mon père et de sa compagne Marie-Paule. Ils se connaissaient depuis plus de quinze ans. Je l'avais rencontré quand j'étais encore lycéenne et nous étions à notre tour devenus amis. Je lui avais naturellement présenté mon mari avec qui il avait sympathisé. Ils s'étaient trouvés un point commun : ils étaient tous deux évangélistes. Georges était même incollable sur la Bible. Il se montrait gentil et serviable avec tout le monde. Et puis il avait accepté d'être le parrain de notre première fille Séphora, ce qui m'avait beaucoup touchée. C'est d'ailleurs avec la petite que, pour me dépanner, il était venu me rejoindre à l'hôpital psychiatrique un jour où je n'avais pu la prendre avec moi. À cette occasion, il nous avait proposé de rapatrier notre caravane sur son terrain, à Vendin-le-Vieil, près de Lens, si jamais mon mari avait besoin de se changer les idées une fois qu'il serait sorti. « Vous resterez le temps que vous voudrez, le temps que tu te retapes », lui avait-il dit avec sa bienveillance habituelle. Nous avions un peu hésité puis nous nous étions décidés à la suite d'un événement douloureux, le décès de mon beau-père, le 12 avril 2005. Comme notre caravane était installée sur le

156

*L'emprise*

terrain de celui-ci, il a fallu que nous déménagions. Encore.

C'est là, chez Georges, que le cauchemar a repris. Insultes, reproches, coups… Il suffisait qu'il oublie de prendre ses médicaments (et le plus souvent il refusait tout simplement de suivre son traitement) pour qu'il se remette à me frapper. D'autant qu'en plus de ses prétextes habituels pour me corriger (j'étais une « fainéante », une « bonne à rien », etc.), il avait trouvé une nouvelle source d'inspiration : l'hospitalisation d'office que j'avais signée et son passage en prison. Il avait finalement décrété que j'avais manigancé son enfermement et son incarcération pour me débarrasser de lui. Et me promettait, à chacune de ses crises, qu'il me le ferait payer très cher un jour…

En quelques mois, les violences sont devenues quasiment permanentes. Mes seuls répits ne duraient que quelques jours, quand il venait de recevoir les piqûres censées « chasser ses idées noires ». Il était alors dans un état tellement léthargique qu'il n'avait même plus la force de me cogner. Mais dès que le traitement ne faisait plus effet…

Sur le terrain de Georges, j'ai le souvenir d'une scène très violente. Je m'empressais de débarrasser la vaisselle du déjeuner pour emmener les enfants à l'école quand il a commencé à pester contre moi pour une raison anodine. Je l'ai d'abord laissé dire, comme je le faisais de plus en plus souvent, mais il a insisté en m'injuriant encore et encore. Je ne peux pas me rappeler quels étaient ses mots exacts mais je me souviens très bien de ceux que j'ai prononcés

*Acquittée*

et qui allaient déclencher sa fureur. Au bout d'un moment, couverte d'insultes, j'ai (juste) dit : « Toi-même… » C'est alors qu'il a saisi un des couteaux qui se trouvaient sur le bord de l'évier et qu'il s'est dirigé vers moi en hurlant : « Je vais te crever, sale p… ! Je vais te crever ! » Je me suis figée. J'étais pétrifiée. J'ai croisé le regard des enfants et, dans leurs yeux, j'ai vu de la terreur. Que pouvais-je faire ? Qu'allait-il m'arriver ? Me souvenir de cette scène me donne encore le frisson. J'ai fermé les yeux et j'ai fondu en larmes. Ce n'est pas la fois où il m'a le plus battue (il a finalement lâché le couteau), mais certainement celle où j'ai eu le plus peur.

Je me souviens que les violences étaient devenues si dures que j'ai osé, pour la première fois, appeler quelqu'un au secours. J'ai adressé des textos à mon amie Brigitte, celle qui m'avait surprise dans la cara-vane avec un homme. Des textos très courts : « *Help me, help me.* » Elle a compris, bien sûr, que je venais de subir une fois de plus les foudres de mon mari. Elle a même eu le courage de venir lui en parler. Elle a essayé de lui expliquer que son comporte-ment n'était pas acceptable – et « pas chrétien », a-t-elle dit en espérant le toucher. Elle voulait en discuter, essayait de le raisonner, mais ses mots ne portaient pas plus que si elle avait parlé à un mur. Il ne voulait rien entendre. Quand il ne niait pas tout bonnement ses violences, il m'accusait de « le chercher », de le provoquer sans cesse et de toujours exagérer les accusations que je portais contre lui. Et puis, il répétait qu'il fallait qu'on « le comprenne », lui aussi. Le drame, sans doute, est qu'il devait être convaincu de ce qu'il avançait et je dois reconnaître, même si c'est à contrecœur, qu'il aurait vraisemblablement fallu qu'il soit aidé pour que nous ayons une chance de nous en sortir. Il était tellement en décalage avec la réalité !

Malgré l'hospitalisation, malgré le traitement, malgré le début de « prise de conscience », mon mari n'a cessé de sombrer dans des violences les plus éparpillées et les plus gratuites. En fait, je crois que plus il se rendait compte de son état, moins il se supportait et plus il devenait aigri et méchant.


Ce nouvel épisode de notre calvaire, sur le terrain de Georges, a duré un an. Jusqu'au jour où « il » ne s'est pas seulement attaqué à moi et aux enfants, mais aussi à l'épouse de notre ami que nous croisions presque tous les jours quand elle rentrait chez elle. Arlette n'appréciait guère mon mari et il le lui rendait bien. Pour une bêtise, encore, une très grosse dispute a éclaté entre eux. Et il a explosé. Il l'a d'abord insultée (« prostituée », etc.) puis a menacé de la tuer. Il a dit : « Tu ne vas pas me faire ch… longtemps ! Je vais mettre un contrat sur ta tête ! Je vais t'égorger ! »

Georges et son épouse (qui ont porté plainte sans que cela ne donne lieu à aucune enquête…) nous ont évidemment ordonné de quitter leur terrain illico. Et une nouvelle fois je n'ai fait que baisser la tête et « le » suivre. Il m'avait pourtant tellement mise à bout que j'étais justement en train de préparer une nouvelle fuite – comme en 2003 avec les enfants

*Acquittée*

dans l'hôtel Formule 1. De la même manière, j'avais mis des vêtements de côté. Et mieux encore, j'avais trouvé un point de chute : je devais aller me cacher chez une femme avec qui j'avais sympathisé en accompagnant les enfants à l'école et chez qui, me disais-je, « il » n'aurait pas l'idée de venir me chercher. Malheureusement, la dispute avec Arlette et notre éviction – fort compréhensible – ont contrarié mes plans.

Serais-je allée jusqu'au bout cette fois ? Aurais-je tenu le coup ? Me serais-je encore laissé convaincre de rentrer le jour où, inéluctablement, il aurait fini par reprendre contact avec moi ? Nul ne le sait. Moi la première. Je sais juste une chose : en douze années, je n'ai jamais réussi à partir. Je n'ai jamais eu ni la force ni le petit coup de pouce du destin qui m'auraient permis de quitter définitivement l'homme qui me battait et me menaçait sans cesse. Même quand, comme à cette époque-là, les violences étaient devenues quasi quotidiennes.

\*
\* \*

Encore une fois, pourquoi accepter tout cela ? En m'attaquant à la rédaction de ce livre, je me suis beaucoup posé la question (et je me doute bien que la plupart de ceux qui n'ont jamais eu à vivre ce genre d'enfer se la posent). Comment une femme peut-elle être victime de violences conjugales pendant douze longues années sans réagir ? Pourquoi ne pas les dénoncer ?

160

*L'emprise*

Sur les forums consacrés aux violences conjugales revient régulièrement cette formule à l'emporte-pièce : « Moi, si mon mari me frappe ne serait-ce qu'une seule fois, je le quitte sur-le-champ ! » J'ai dû penser cela aussi, avant de me laisser piéger. Évidemment que j'aurais dû partir dès le premier coup ! Mais je ne l'ai pas fait. J'ai laissé passer une insulte, puis un coup, puis une salve de coups, et il était déjà trop tard.

Le manque de courage, l'inconscience, l'ignorance, la faiblesse… Je pourrais poser des dizaines de mots sur le papier pour tenter d'expliquer comment j'ai été emportée dans la spirale de la soumission à un homme violent, mais au bout du compte je n'en vois qu'un seul qui aille vraiment : la peur.

Au cours de l'enquête, un de nos amis, qui était pourtant un jeune homme costaud et qui n'était pas du genre à se laisser faire, a expliqué devant les policiers qu'il n'avait « jamais dénoncé les violences » de mon mari parce qu'il avait « peur de cet homme ». Et il a eu une formule simple qui en dit beaucoup : « Chez lui, Marcelo était le maître. On ne pouvait rien dire et rien faire. » Si ce garçon, costaud et viril, avait peur de lui, imaginez ce que je pouvais ressentir, moi, petite femme sans grande force. Car ma première peur, quand j'osais penser que je devais lui répondre, me défendre ou, pis encore, fuir, était bien celle-là : la peur d'avoir mal. Pas la seule peur de prendre des coups. Il faut peser le poids de chaque mot : la peur d'avoir mal. La peur de la douleur.

*Acquittée*

Je voudrais faire comprendre cela. Imaginez par exemple que vous vous trouvez devant un feu dans la cheminée et que, pour une raison ou une autre, il serait dans votre intérêt de saisir une bûche à pleine main. Après vous être brûlé(e), ne prendriez-vous pas votre mal en patience en attendant que le feu s'éteigne ?

J'ai évoqué plusieurs fois la menace de partir devant mon mari. Mais chaque fois il a tout fait pour que je le regrette.

Et une seule fois j'ai osé prononcer le mot de divorce.

C'était le soir du drame. Le soir de la plus terrible de ses colères.

Je dois le dire ici : j'avais peur de mourir, aussi. Tout simplement. Pas pour moi (à la limite, pourquoi pas en finir ainsi ?), mais pour les enfants (que deviendraient-ils sans moi ?). Plus les années passaient, plus « il » avait pris l'habitude de dire, au milieu de son torrent d'insultes : « Un jour, je vais te tuer. » Et j'ai fini par penser qu'il en serait capable. J'ai un souvenir précis de ce genre de menace : c'était à l'époque de Noël, quand nous vivions sur le terrain de Georges et Arlette. Pour nous changer les idées et rompre la routine (une énième tentative…), nous sommes allés en famille nous installer quelques jours chez mon amie Brigitte qui nous avait laissé sa maison. Ces vacances se déroulaient sans incident majeur entre lui et moi, nous nous « rapprochions » (nous avions même pris un bain ensemble…) quand, sans doute encore pour une minime contrariété, nous

*L'emprise*

nous sommes écharpés. Mise en confiance par quelques jours de non-violence, j'ai osé lui dire que s'il recommençait à me battre, je le quitterais. Sa réplique fut cinglante : « Si tu fais ça, je te tuerai ou je te ferai tuer ! » Il avait alors ce regard qui me terrorisait. Son regard de haine. Celui qui me faisait bien comprendre que ses menaces n'étaient pas des paroles en l'air.

La peur qui emmure une femme battue dans son impuissance a de multiples facettes. Comme beaucoup, j'avais peur, aussi, de l'inconnu. Partir est une chose, mais pour aller où ? Comment ? Avec qui ? Auprès de qui ?

Me réfugier chez mon père, ma sœur ou d'autres proches ? Impensable. Il aurait d'abord fallu que je leur avoue mon calvaire, ce qui me paraissait encore insurmontable à l'époque. En effet, mon père et ma mère avaient certes été témoins, ou victime – en ce qui concerne ma mère – de son caractère emporté voire violent, mais pas une seconde ils n'imaginaient ce qu'il me faisait subir. Et je ne souhaitais pas leur en parler. Je redoutais la réaction de mon père, les sévices de mon mari en retour, ç'aurait pu être dramatique.

Quand bien même j'aurais tout avoué à mes proches et me serais réfugiée chez eux, « il » n'aurait pas tardé à venir me chercher à l'une de ces adresses qu'il connaissait. Et jamais, au grand jamais, je n'aurais accepté qu'il fasse du mal à l'une ou l'autre des personnes qui me seraient venues en aide.

*Acquittée*

J'aurais pu aller frapper à la porte des centres d'accueil ou des foyers d'hébergement, me dira-t-on. Ou encore me présenter dans n'importe quel commissariat ou gendarmerie. Certainement, oui… Sauf que, à ce stade de mon histoire, je ne croyais plus en « ces gens-là ». N'avais-je pas été signalée, déjà, et même interrogée avant, pendant et après ma fugue sans que rien ne se passe ? Je me sentais abandonnée, désemparée. J'avais le sentiment que personne n'était en mesure de comprendre ce que je vivais et, pis encore, j'avais fini par croire que ma situation n'était pas suffisamment inquiétante pour qu'elle mérite qu'on s'y intéresse (la désinvolture des gendarmes, quand ils avaient constaté l'œuf de pigeon sur mon arcade sourcilière sans que cela les préoccupe, avait fait beaucoup de dégâts dans mon esprit de ce côté-là).

Enfin, j'avais aussi la peur toute simple de me retrouver seule, à la rue, avec mes quatre trésors. Et puis il faut le dire : j'avais aussi peur de le quitter, « lui » le père de mes enfants, « lui » le seul homme que j'avais connu. Je ne m'en suis souvenue qu'a posteriori, mais le fait est que Sylvie, la première épouse de mon mari, avait très vite tenté de me convaincre de partir. À l'occasion de l'une de nos rencontres, alors qu'elle était venue lui déposer leurs enfants, elle m'avait raconté une partie du cauchemar qu'elle avait elle-même vécu, m'avait répété qu'il était « un homme violent » (ce que j'avais déjà remarqué…) et m'avait conseillé de prendre les enfants et de faire

164

*L'emprise*

mes valises sans plus attendre. « Moi je suis partie du jour au lendemain après une violente dispute. Je suis partie en pleine nuit, pieds nus… Sans prévenir personne », avait-elle conclu comme pour me faire une suggestion.

Ce conseil venant d'elle, il n'y avait qu'une seule bonne solution : l'écouter. Oui mais voilà : la peur a une force surhumaine. Elle était, en tout cas, plus forte que moi. Un psychologue rencontré pour les besoins de l'enquête, juste avant mon procès, a souligné dans ma personnalité « des insatisfactions dans les relations à la mère ayant pu engendrer une fragilité psychologique et une quête affective compensatrice sur fond abandonnique. Cette problématique sous-tend souvent des difficultés à gérer les séparations ». Puis : « Le vécu abandonnique lié à sa relation insatisfaisante avec sa mère a été renforcé par la rupture des liens avec elle pendant neuf ans et a donc renforcé sa fragilité psychologique. » Bref, il me manquait pas mal d'armes pour quitter mon mari…

*
* *

Par définition, on ne mesure pas la gravité de la situation d'emprise dans laquelle on se trouve. Je ne l'ai compris que dans « l'après », à travers les regards des autres, les questions de mes avocates, des enquêteurs ou de la présidente du tribunal, et donc en me retournant sur mon passé. Quand j'observe mon histoire comme si c'était celle d'une

165

*Acquittée*

autre, je vois une femme tellement dominée par ses peurs qu'elle se mentait autant à elle-même qu'elle mentait aux autres. Comment pourrais-je expliquer autrement que par cette soumission totale le fait que j'ai le plus longtemps possible caché la réalité de mon calvaire à mes proches ? La plupart d'entre eux ont tenté de me questionner, et je crois avoir toujours minimisé, quand ce n'était pas carrément nié, ce que je vivais réellement. Je pense notamment à mon frère, à ma sœur et à mon amie Brigitte. Je pense aussi à mon père, bien sûr, qui a été le plus présent (en tout cas autant qu'il l'a pu et autant que mon mari l'a laissé l'être). Jusqu'à la fin de notre histoire, je lui ai caché la vérité. Quand il arrivait que l'on me questionne à propos de bleus et autres traces de coups que je portais sur le corps, comme mon père, justement, l'a fait à plusieurs reprises, j'éludais le plus souvent. J'avais deux ou trois pré-textes que chaque femme battue doit connaître : « Je me suis cognée sur un meuble en rangeant la vaisselle », « Je me suis fait ça en jouant avec les enfants », et autres inventions.

J'aurais pu me confier, également, aux assistantes sociales qui sont entrées dans notre vie à la suite de ma « fugue ». Après une convocation chez le juge pour enfants, et parce que j'avais décidé malgré tout de revenir au domicile conjugal, une « mesure de suivi » avait été décidée. Des éducatrices spécialisées de l'AEMO (Assistance éducative en milieu ouvert), dont la mission est de garder un œil sur

*L'emprise*

les enfants signalés dans un milieu familial « à risque », venaient nous rendre visite régulièrement pour observer comment vivaient les nôtres, s'ils n'avaient pas de problèmes de comportement, si nous nous « occupions correctement » d'eux, si nos « relations de couple » n'entravaient pas leur développement, etc.

Mon mari n'aimait pas ces femmes-là – d'ailleurs nous déménagions aussi pour leur échapper, pour que leurs services perdent notre trace… –, mais nous parvenions à faire bonne figure quand nous devions nous plier à leurs « rendez-vous de contrôle ». Cela durait une heure, de préférence en présence des enfants, et elles nous bombardaient de questions sur notre vie quotidienne. « Lui » se montrait le plus affable possible, voire mielleux par instants, et affirmait que tout allait bien pour nous dans le meilleur des mondes.

Je ne peux reprocher à ces éducatrices d'être passées à côté des violences conjugales qui étaient notre quotidien. D'abord parce que leur travail consistait avant tout à « contrôler » les enfants (qui étaient toujours correctement vêtus, qui ne manquaient de rien et semblaient épanouis), mais aussi parce que notre attitude (la mienne en particulier) a pu les tromper. J'ai tellement pris l'habitude de me voiler la face au cours de ces douze années de violences conjugales que j'ai même continué, après le drame, à minimiser mon calvaire (inconsciemment, cela va sans dire). J'ai retrouvé la retranscription d'un de mes interrogatoires dans le bureau de la juge d'instruction qui en dit long à ce propos. C'était en

*Acquittée*

janvier 2010, soit plus de six mois après le drame. Le juge me demande :

— Vous dites que votre mari vous frappait « rarement » ?

— Oui, c'était plutôt des violences verbales…

— Quand vous dites « rarement », qu'est-ce que ça signifie exactement ?

— Que ce n'était pas régulier.

— Est-ce que c'était au moins une fois par mois ?

— Oh non, c'était bien plus souvent que ça…

Au risque de paraître sotte (je m'accuse parfois de l'être !), je dois admettre qu'il m'a fallu du temps, en prison et depuis mon acquittement, pour comprendre. Pendant des années, il m'est même arrivé de considérer qu'il n'était pas « anormal » que je sois battue. Que l'on ne se méprenne pas : je ne trouvais pas acceptable de souffrir physiquement des coups (les scènes les plus violentes me révulsaient, on l'a vu), mais je ne trouvais pas non plus « immoral » ou « intolérable » qu'un homme use de son autorité sur sa femme. Et aussi incroyable que cela puisse paraître aujourd'hui, je ne pensais pas être victime de « violences conjugales ». La violence conjugale était pour moi un fléau qui se lisait dans les journaux et dont on parlait à la télévision. Ce n'était pas mon histoire. À mes yeux, les femmes battues qui méritaient que l'on s'intéresse à elles vivaient des horreurs bien pires que celles que je pouvais endurer. Ce qu'« il » me faisait n'était sans doute « pas encore assez cruel » ou « pas assez régulier » pour que je puisse être considérée comme une victime au même rang que ces pauvres femmes…

*L'emprise*

En matière de violence conjugale, mon « échelle de gravité » n'était pas la même que celle du commun des mortels. Pour moi, une gifle était un geste sans grande conséquence alors que je sais aujourd'hui qu'aucune femme ne doit accepter qu'un homme lève la main sur elle, quelle qu'en soit la raison. Et au fil des années, je me suis résignée à me taire et à subir. La peur et la honte de « raconter » m'ont vaincue. En fait, je n'avais qu'une échappatoire : je me consolais auprès des enfants. Ce sont eux, aussi, qui m'ont aidée à tenir. Ils venaient me voir en me disant : « Ne t'inquiète pas », « Je t'aime », « Ça va aller », « On sait que tu n'es pas comme ça » (quand il me traitait de fainéante ou pire), « On sait que c'est lui qui est méchant. »

Les moments durs, les plus durs, nous les avons traversés ensemble. Je n'oublierai jamais leur soutien et, plus encore, ne regretterai jamais de les avoir aidés autant que je l'ai pu à traverser toutes ces épreuves. Mais il est vrai que notre relation a eu un effet désastreux : en me recroquevillant sur moi-même et sur eux, je me suis enlisée dans ce cauchemar.

## – 6 –

## Vers une issue fatale

Notre quatrième enfant n'aurait pas dû naître. Mon petit Siméon. Mon amour. J'avais choisi de lui épargner le cauchemar de nos vies. Rendez-vous était pris à l'hôpital de Lens. Mon cœur pleurait mais ma raison me commandait de prendre la seule décision qui vaille : avorter. Je ne voulais plus avoir d'enfant de cet homme.

C'était pendant l'hiver 2006, à Vendin-le-Vieil, sur le terrain de notre ami Georges. Quand le quotidien est devenu insoutenable. J'avais décidé, en parallèle, de prendre la fuite avec les enfants. Mais, je l'ai dit, tous mes plans ont été contrariés par l'incident entre « lui » et Arlette puis notre déménagement. Nous avons quitté précipitamment la région et je me suis retrouvée prise au piège. Il était trop tard. J'avais dépassé le terme légal pour pratiquer une IVG.

*Acquittée*

Il n'a jamais su que je devais avorter. Il ne s'était pas rendu compte que j'étais enceinte et, lorsque j'ai décidé de le lui annoncer parce qu'il ne tarderait plus à le découvrir, je n'ai pu m'empêcher d'être soulagée en le voyant ravi d'être père une nouvelle fois. Pour lui, peu importait le nombre d'enfants que nous aurions dès lors qu'il me voyait enfermée et qu'il avait sa petite bonne à la maison.

Siméon est arrivé le 28 octobre 2006 et je l'ai accueilli avec tout mon cœur. Je l'aime comme les autres. Sans limites. Avec même, sans doute, une tendresse particulière. Lui n'a connu que nos années les plus sombres. Celles qui nous ont menés vers une issue fatale.

\*

\* \*

Nous nous sommes installés à Douai le 1er août 2007. Dans la maison du drame. Après un dernier passage sur un terrain de caravanes du côté de Somain puis quelques mois dans un petit appartement HLM, nous avions obtenu ce logement par le biais des services sociaux, sensibilisés par les conditions de vie de notre famille désormais nombreuse.

Cela aurait pu être le début d'une nouvelle vie. En apparence en tout cas, ce le fut. Dans cette petite maison de ville plus que convenable, les enfants se partageaient de grandes chambres remplies de jouets, nous avions de la place (une « vraie » cuisine, un « vrai » salon, etc.) et surtout un confort que nous n'avions jamais connu (une salle d'eau,

*Vers une issue fatale*

des toilettes indépendantes, des meubles récupérés ici et là…). Vus de l'extérieur, nous ressemblions à une famille ordinaire. La réalité, on s'en doute, était hélas fort différente. Rien n'avait changé, au fond. Notre première difficulté était d'assurer le quotidien avec des ressources plus que limitées. Nous vivions du RMI de mon mari et des allocations familiales dont nous faisaient bénéficier les quatre enfants. Au total : 1 385 euros, desquels il fallait soustraire le loyer, les charges, les assurances, le téléphone, etc., ce qui nous laissait à peine 800 euros pour vivre à six. Ma priorité était de toujours maintenir les enfants propres, bien habillés, bien nourris et de pouvoir répondre aux besoins des plus grands qui avaient rejoint les bancs de l'école. J'avais trouvé le moyen – même si c'était une honte de plus sur mes épaules – d'améliorer un peu l'ordinaire en me rendant de temps en temps aux Restos du Cœur ou à la Croix-Rouge, mais cela n'empêchait pas toutes nos fins de mois d'être très difficiles. Pour le reste, ma vie pouvait se résumer en quelques mots : courses, ménage, lessives, préparation des repas, bain des enfants, courses, ménage, lessives, achats d'alcool…

Je ne veux pas m'acharner sur « lui », l'accuser sans retenue ni nuance (ceux qui ont assisté à mon procès ont souligné que ce n'est pas mon état d'esprit), mais je ne peux dire les choses autrement : les deux dernières années de notre vie commune, j'ai été une sorte d'esclave de cet homme. Il ne faisait rien de ses journées, si ce n'est végéter devant Internet (pour « télécharger de la musique », ne cessait-il de dire quand je l'interrogeais) ou devant la

*Acquittée*

télévision. Et boire, évidemment. Si je devais résumer son quotidien en quelques mots, ce serait : son ordinateur, son poste de télé, ses cigarettes et son verre. Il ne faisait que cela de toute la journée. Je n'ai pas le souvenir de l'avoir vu aider Séphora à faire ses devoirs. Et rarissimes furent les moments où il a joué avec Josué ou Saraï… Quelquefois, c'est vrai – je ne dois pas l'oublier pour être au plus près de la vérité –, il a accompagné les enfants à l'école. Oui, c'est arrivé « quelques fois ». Des matins calmes.

Mon mari a peu à peu sombré, comme on dit. Il ne travaillait pas et ne faisait même plus l'effort de chercher un emploi ; il se lavait de moins en moins (une fois par semaine, peut-être deux) ; et surtout il buvait de plus en plus. Du matin au soir. Il fallait toujours de l'alcool à la maison. Il en demandait toujours plus. Il ingurgitait des bouteilles entières en moins de temps qu'il ne faut pour le dire. Jusqu'à boire directement au goulot.

Je devais désormais me rendre tous les jours à la supérette pour le « réapprovisionner ». Et même, souvent, deux fois par jour. Car j'ai vite compris qu'il était inutile de prévoir des provisions pour m'éviter de faire des allées et venues. Quelle que soit la quantité de bouteilles que j'achetais, il la buvait dès mon retour. Je me souviens d'avoir rapporté, à l'occasion d'un week-end où nous devions célébrer un anniversaire, suffisamment de mousseux, de vin et de bière pour recevoir nos invités et, surtout, pour qu'il ait sa « dose » jusqu'au lundi, puis d'avoir

*Vers une issue fatale*

très vite déchanté en m'apercevant qu'il ne restait déjà plus rien le samedi soir. Bien sûr, comme à chaque fois, il a fallu que je reparte chercher de quoi apaiser sa soif. Illico.

J'ai évidemment essayé de m'opposer à cette besogne qui me harassait autant qu'elle me dégoûtait, j'ai même inventé tous les prétextes pour y échapper mais, comme pour le reste, j'ai presque toujours fini par céder sous la menace des insultes et des coups. Je ne peux l'expliquer autrement que par cette formule qui me paraît aujourd'hui pitoyable : « Je n'avais pas le choix. » Plus rien ne semblait pouvoir l'arrêter de boire. Un jour, je lui avais confié quarante euros pour acheter un siphon que nous devions remplacer et pour qu'il dépose le reste à la banque car son compte était dans le rouge. Quand je suis revenue de courses, il était saoul. Il sentait l'anis à plusieurs mètres ! Je suis allée jeter un coup d'œil dans la poubelle et j'ai découvert ce que je m'attendais à trouver : un bouchon de bouteille de pastis. J'ai alors dû faire une grimace qui lui a déplu. Et il s'est mis à me hurler dessus : « Qu'est-ce que t'as encore ? » J'ai voulu lui dire que j'étais contrariée et lui demander ce qu'il avait fait de l'argent que je lui avais donné, mais il m'a fixée avec ce regard qui me glaçait le sang et, comme par provocation, il est allé chercher dans l'une de ses « caches » une bouteille de pastis et une autre de Martini. Le message était clair : fin de la discussion, sinon…

J'ai essayé, moi aussi, de cacher des bouteilles. Le plus souvent, c'était juste pour sauver de quoi servir à boire aux rares personnes qui venaient nous rendre visite. Seulement, si je lui disais qu'il n'y avait plus d'alcool à la maison et s'il pressentait que je mentais (je n'ai jamais été très douée pour cela…), il me harcelait de questions, me menaçait et, bien sûr, ne se privait pas de me frapper si cela était nécessaire pour que je lui livre le secret de ma planque. Et je finissais par le lui dire. Il était tellement dépendant… Une fois, alors que j'avais trouvé une nouvelle cachette sous le four de la cuisine et que j'avais utilisé celui-ci pour préparer le repas, il avait fini par découvrir sa bouteille… brûlante. Ça ne l'a pourtant pas dissuadé de la boire. Quasiment d'une traite.

Généralement, son alcoolisation finissait par l'endormir (c'est ainsi qu'il passait la plupart de ses nuits sur un fauteuil du salon), mais il buvait tellement qu'il lui arrivait d'en être malade. Au point de vomir dans la maison. Ces souvenirs m'écœurent encore : il s'est « vidé » dans les toilettes, dans le salon et même… dans notre chambre. Est-ce utile de préciser qui devait nettoyer derrière lui ?

*

\* \*

Voilà à quoi j'étais réduite au cours des dernières années et plus encore des derniers mois avant le drame : une espèce d'esclave domestique. Je ne dirais pas que j'étais consentante (il ne faut pas exagérer), mais j'avais perdu la force de me rebeller. À force de l'entendre hurler que j'étais « bonne à rien », sans doute ai-je fini par le croire. L'alcool le rendait tou-

*Vers une issue fatale*

jours plus violent et dangereux. Il me répétait que je n'étais qu'une « ratée », qu'un « boulet » pour lui, alors que j'étais occupée toute la journée à assurer le quotidien des enfants et de la maison. Affalé dans son fauteuil, il me commandait ou m'insultait sans rien faire de ses journées. Même si nous devions changer une ampoule grillée ou réparer je ne sais quoi, il fallait que je m'en charge et, si je ne m'en sentais pas capable, que j'aille demander de l'aide à un voisin.

Ses seules « activités » restaient pour moi mystérieuses. Quand il sortait dans la journée, c'était la plupart du temps pour aller chez le médecin, disait-il. Toujours pour ses fameuses histoires de cancers. En profitait-il pour aller boire ailleurs ? Cela est forcément arrivé. Se rendait-il effectivement à des consultations ? Cela a dû se produire aussi. Pour le reste ? Lui seul le savait. Tout comme lui seul savait ce qu'il allait précisément faire le soir, après le dîner. C'était chaque fois la même rengaine. Il disait qu'il allait « faire un tour », qu'il devait s'absenter « un quart d'heure, vingt minutes », mais il ne revenait pratiquement jamais avant le milieu de la nuit. Si je l'interrogeais pour savoir où il avait passé sa soirée, il me rétorquait généralement que cela ne me regardait pas et m'envoyait promener en m'expliquant qu'il avait besoin de prendre l'air « pour décompresser » — et c'était l'occasion de nouvelles disputes car je ne parvenais pas à comprendre ce qui pouvait le stresser au cours de ses journées. Quant aux soirs où il consentait à me répondre, ce n'était que pour me raconter des histoires farfelues. Il disait qu'il

*Acquittée*

allait se promener au parc Bertin – un parc de Douai dont je ne connaîtrai que bien plus tard la réputation – parce qu'il y avait là « des gens » qu'il fallait « aider ». Il me parlait de femmes victimes de la « traite des Blanches » qu'il fallait soustraire à leurs souteneurs, ou d'autres pauvres femmes qui avaient besoin d'appuis pour « passer la frontière ». Et, surtout, il m'expliquait que je ne devais parler à personne de ces choses-là parce que cela pouvait être dangereux pour moi.

J'ai cru aveuglément à beaucoup de ses balivernes, mais pas à celles-là. Le connaissant, c'était tout de même trop gros pour être vrai ! Je crois en définitive que mon mari avait besoin de se donner l'image d'un homme capable de faire le bien (et vraisemblablement de s'autopersuader qu'il le faisait).

Il pouvait également passer des heures à réciter des versets. Ces prières semblaient compter beaucoup pour lui. Je l'ai toujours connu très croyant et souvent pratiquant, mais sa foi était plus que jamais prégnante les derniers temps. Par périodes, toutes les occasions de prier étaient bonnes. Avec des amis que nous recevions à dîner, avec nos enfants qui étaient encore tout petits, avec les siens quand ceux-ci nous rendaient visite, nous remerciions le Seigneur pour Sa bonté avant de nous asseoir à table ou nous priions pour les malades et les démunis. J'avais d'ailleurs droit à un traitement de faveur pour ces prières : je devais porter un voile. Il décrétait brutalement que nous devions prier et se tournait vers moi : « Va chercher de quoi te couvrir ! » C'était à ses yeux une marque de respect pour le Seigneur.

*Vers une issue fatale*

Je ne le contestais pas, d'ailleurs, étant moi-même croyante, mais j'étais à chaque fois contrariée de devoir me plier à cette exigence « sur-le-champ ».

Je dois dire que la foi est la seule chose qui nous a unis jusqu'au bout. Tout au long de ces années, même si cela n'a pas toujours été régulier, nous n'avons jamais réellement cessé de nous rendre aux « rassemblements chrétiens ». À Douai, nous avions opté pour l'église évangélique du boulevard Jeanne-d'Arc, une église de sédentaires – de « gadjos » comme il disait, de non-gitans. Nous nous y rendions avec les enfants qui, tout comme moi, semblaient se plaire au milieu de cette foule joyeuse avec qui l'on partageait prières et repas – je dois malheureusement reconnaître que les enfants n'avaient pas beaucoup d'autres occasions de s'amuser et de « respirer la vie », car leur père rechignait à ce qu'ils aient des activités extrascolaires et a notamment toujours refusé qu'ils partent en colonie ou en centre aéré.

En fait, ces sorties à l'église ont été nos uniques activités publiques. Et même nos dernières occasions d'entretenir du lien social avec le monde extérieur. Car au fil des années, notre entourage s'est lassé de nous rendre visite ou de nous inviter. Qui pouvions-nous compter parmi nos visiteurs ? Mon père, Kévin et Sabrina les enfants de mon mari, Fatima et Dominique un couple de voisins, une amie qu'il avait rencontrée au cours de l'une de ses formations et qui finalement ne venait plus que pour me voir, moi, parce qu'elle ne supportait pas son agressivité… Ils n'étaient pas bien nombreux et

*Acquittée*

montraient rarement un enthousiasme débordant sous notre toit. Mais comment pourrais-je leur en vouloir ? Personne, à part sa fille Sabrina avec qui il parvenait à se montrer aimable, ne pouvait se sentir tout à fait à l'aise chez nous, dans cette maison où la tension permanente rendait l'atmosphère pesante et l'air souvent irrespirable.

*
* *

Lui et moi n'avions plus de moments à deux. Je crois même pouvoir dire que nous ne nous parlions presque plus. Hormis quand je ne pouvais faire autrement, pour les repas par exemple, j'évitais de me retrouver avec lui. Quand il entrait dans une pièce, je passais dans une autre pour éviter les réprimandes et les jurons. Et quand je ne pouvais les éviter, je n'y répondais plus qu'avec dédain et mépris (« Oui c'est bien, c'est ça… », façon de dire « cause toujours »). Et encore… Répondre, je n'y parvenais que lorsque j'avais un sursaut d'orgueil. Car la plupart du temps, je capitulais. J'avais compris qu'il valait mieux me taire plutôt que de prendre des coups.

Difficile de dire quand la violence est devenue son principal (pour ne pas dire unique) mode de communication. Fut-ce au cours de l'année 2007, deux ans avant le drame ? Un peu plus tard, en 2008 ? J'ai dépensé tellement d'énergie à chasser

*Vers une issue fatale*

ces souvenirs de ma mémoire que tout est devenu confus dans mon esprit. Faudrait-il que j'énumère les scènes de violence et de souffrance comme j'ai dû le faire à maintes reprises au cours de l'enquête et de mon procès ? Je n'en ai plus la force aujourd'hui. Je ne veux plus raviver ce qui me torture encore. Et puis ce serait, si je pouvais me souvenir de chaque coup, une litanie interminable.

Ma mémoire s'est brouillée. Elle ne me renvoie plus que des images furtives, des « flashs ». Je peux simplement dire avec certitude que tout allait de mal en pis. Les gifles et les coups de poing étaient plus durs et plus nombreux ; il n'avait même plus besoin d'être alcoolisé pour m'insulter, m'humilier ou me frapper ; il ne se souciait plus que Séphora ou même Siméon, notre petit dernier qui n'avait pas trois ans, s'interposent entre lui et moi pour l'empêcher de me cogner. J'avais pris l'habitude de porter des vêtements longs pour cacher les marques de coups qui étaient de plus en plus visibles…

Et puis il y avait les fameux « étranglements », ce geste de torture – je ne vois pas d'autre mot – qu'il avait toujours beaucoup prisé et qui devenait presque un réflexe chez lui quand il avait une crise. Il me prenait au cou avec deux doigts, le pouce et l'index, et remontait sous la gorge. Je ne sais pas ce qui était le plus insupportable : la douleur ou la peur. J'avais l'impression de recevoir deux coups de poignard sous le menton et j'étouffais. Je me débattais et le repoussais avec mes mains, mais je n'avais jamais suffisamment de force pour contenir sa fureur. J'ai plusieurs fois senti, quand j'étais à bout

*Acquittée*

de souffle, que j'allais succomber, mais il s'arrêtait à temps. Je ne crois pas qu'il ait pensé à me tuer, même si je n'en ai évidemment pas la certitude, mais je suis sûre que, dans sa fureur, il aurait fini par en arriver là. Il voulait surtout me « faire mal ». Il savait que, plus encore que les coups de poing ou les coups de pied, cette barbarie-la était insoutenable (et elle avait l'avantage de ne pas laisser de traces, ou si peu…). Je dois le dire : dans ces moments-là, j'ai parfois regretté qu'il n'aille pas jusqu'au bout de son geste. Je serais morte et mon calvaire aurait été terminé.

Mon mari est devenu incontrôlable. Ses accès de colère et de violence étaient de plus en plus imprévisibles. Et les enfants n'étaient pas épargnés ! Il se montrait grossier et odieux avec eux. Il ne passait sur rien, imposait ses exigences. Il s'était par exemple mis en tête que Séphora, notre aînée, ne porterait plus que des jupes et des robes, été comme hiver, tout comme il m'y avait forcée. Il suffisait qu'il la voie en jean un jour de mauvaise humeur et il lui tombait dessus. La pauvre ne pouvait pas comprendre, elle qui aimait aussi porter des pantalons. Elle pleurait, j'essayais d'intervenir, de faire admettre à son père qu'on ne peut imposer à une enfant des règles d'adultes (en considérant que celles-ci fussent acceptables…), mais la petite n'avait d'autre choix que d'aller se changer dans sa chambre. Comme moi, elle avait compris qu'il était préférable de se plier à « son » bon vouloir plutôt

*Vers une issue fatale*

que de recevoir une gifle. Une autre fois, je l'ai entendu hurler des horreurs à Josué. Le petit n'avait que huit ans. Il était dans le salon avec son père. J'étais dans la cuisine. Pour une raison que j'ignore, il s'est fait disputer et le ton est monté, comme cela peut se produire entre un papa et son petit garçon. Sauf qu'à un moment, cette phrase terrible a résonné dans la maison : « Si ça ne te va pas, tu n'as qu'à aller faire deux cents mètres sur le trottoir ! » Dans sa bouche, il ne pouvait y avoir d'ambiguïté : cela voulait dire « se prostituer ».

S'il n'avait utilisé que des mots pour blesser les enfants, passe encore ! Mais il y avait les coups ! Toutes les occasions étaient bonnes pour qu'il les gifle à tour de bras. À la moindre contrariété (parce que l'un d'entre eux tardait à aller se coucher, parce qu'un autre refusait de finir son assiette), il levait la main sur eux, et pas pour une pichenette. J'ai le souvenir que les coups tombaient facilement sur Josué et Saraï qui rechignaient toujours un peu, comme beaucoup d'enfants, à prendre leur bain. Je les grondais gentiment mais leur père arrivait aussitôt pour leur infliger une violente claque. Ou plusieurs. C'était terrible. Je me retrouvais alors seule avec eux, en pleurs, et je frottais leurs fesses ou leurs joues comme si mes caresses avaient pu effacer les marques que les doigts du tyran y avaient laissées. Un dernier exemple (mais je pourrais en citer bien d'autres, hélas, et des pires) : un jour, nous étions dans la cuisine quand il s'est brutalement accroché avec Séphora. La petite a dû lui répondre « de travers » et, ni une, ni deux, il lui a jeté une cuillère au visage… Elle a juste eu le temps de se baisser pour éviter le projectile qui s'est écrasé avec fracas contre le mur. Qu'aurais-je dû faire ? Lui dire qu'il était fou, complètement malade ? Qu'il aurait pu la blesser ? Il m'aurait ri au nez. Alors j'ai fait comme d'habitude. J'ai pris dans mes bras la petite, qui était terrorisée et en larmes, et je lui ai dit : « Ça va aller, ma chérie, ça va aller. Ne lui réponds plus, ça ne sert à rien… »

Mon mari voulait-il punir les enfants ou agissait-il ainsi, d'abord, pour me blesser à travers eux ? Un peu des deux je crois. Il savait que leurs douleurs étaient aussi les miennes. Je suis persuadée aujourd'hui que c'était une autre façon de me faire souffrir et de maintenir son emprise sur moi. La peur paralyse et il avait bien compris que plus j'étais effrayée par ses comportements, moins je risquais de me dresser contre lui…


Les enfants et moi, nous nous sommes de plus en plus isolés de lui au cours des mois qui nous ont menés vers le drame. Dès qu'il s'en prenait à l'un d'entre nous, nous nous écartions de lui pour nous protéger. Comme des bêtes traquées. Il m'arrivait même de prendre les enfants par la main pour sortir de la maison et aller faire un tour, au parc ou ailleurs, l'essentiel étant d'être loin de lui. Évidemment, au bout d'un moment, mon téléphone portable retentissait et il m'ordonnait de rentrer. Et si je ne décrochais pas, il rappelait jusqu'à ce que je réponde. Je me souviens qu'un jour, alors que je m'étais réfugiée

*Vers une issue fatale*

chez une amie, nous avions comptabilisé dix-huit appels en moins d'une heure…

Une autre anecdote me revient : elle m'a marquée parce que j'avais demandé aux enfants de mentir à leur père, ce qu'aucune mère ne doit penser faire un jour. Tous les ans ma sœur nous invitait chez elle au mois d'août, nous et le reste de la famille, pour fêter l'anniversaire de ses enfants. « Lui » ne venait jamais. Je prenais le bus avec Séphora, Josué, Saraï et Siméon. Et nous nous amusions une partie de l'après-midi jusqu'à… ce qu'il appelle pour que nous rentrions. Il ne supportait pas de se trouver seul à la maison et, surtout, craignait que je profite de ma « liberté » pour raconter notre calvaire ou, pire encore, pour manigancer une fugue. Il insistait donc et, comme d'habitude, je finissais par céder. Une fois, parce que le dernier bus était déjà passé, c'est mon frère Yohan qui nous a ramenés. Et ça, je savais que c'était un motif de dispute (voire plus), car mon mari, à cette époque, m'avait interdit de le fréquenter. J'avais alors demandé aux enfants de dire que nous étions rentrés en transport en commun, comme d'habitude, et – cela illustre bien la peur qu'il nous inspirait – je n'avais eu aucun mal à les convaincre. Je crois même ne pas avoir eu besoin de leur expliquer les raisons de ce mensonge. Ils avaient tous parfaitement compris ce que nous risquions si nous disions la vérité…


Plus les mois passaient, moins « il » avait de retenue. Il s'en prenait même de plus en plus souvent à

*Acquittée*

son premier fils, Kévin, qui avait pourtant dix-sept ans désormais et les moyens de se défendre. En décembre 2008, Kévin avait décidé de revenir vivre auprès de son père (mon sentiment est que celui-ci l'avait « dressé » contre Sylvie, sa mère, mais ce n'est que mon sentiment…). Nous lui avions installé une chambre dans la maison et il était convenu qu'il ferait désormais partie de notre famille. Kévin n'était pas un adolescent facile à vivre, c'est vrai. Il lui arrivait de voler dans les magasins, de faire l'école buissonnière et je ne sais quels autres écarts de conduite. Mais de là à être corrigé comme son père le corrigeait ! Je l'ai vu lui mettre des coups de poing et l'étrangler. Et j'ai entendu Kévin, dans sa chambre, crier et pleurer d'une façon qui ne laissait aucune place au doute : il venait de subir bien pire que ce que son père s'autorisait à lui infliger devant moi.

\*
\* \*

Je crois avoir vécu à peu près toutes les horreurs possibles avec mon mari. Les plus sordides, sans nul doute, étaient liées à son rapport pervers à la sexualité.

Je ne l'ai compris que bien plus tard, mais il a, à mes yeux, vécu une « fausse vie » en se mariant avec Sylvie puis avec moi. C'était une forme de couverture, de paravent ou d'alibi social, on appellera cela comme on le voudra. Car – tout le monde le sait aujourd'hui – il était d'abord attiré par les hommes.

*Vers une issue fatale*

Et ça, il ne l'a jamais accepté. Pas lui. Pas un gitan.
Ce n'était pas concevable. Si je devais donner une
explication à ses comportements – mais je ne pourrai jamais en faire une excuse – ce serait celle-là.
Il était rongé par le profond malaise de se sentir
homosexuel et, plus encore, de ne pouvoir l'avouer
autour de lui.

Je dois reconnaître que je me suis souvent posé
des questions à ce sujet, mais ce n'est qu'au cours
des derniers mois de notre vie commune que j'ai
véritablement compris son secret. Quand il s'en
cachait moins et/ou qu'il était moins prudent. J'ai
même découvert l'essentiel de ses « pratiques »
après sa mort. J'ai ainsi appris que Sylvie, sa première épouse, les avait déjà constatées. « J'avais
remarqué qu'il avait un penchant pour la sexualité
entre hommes. J'avais trouvé des cassettes vidéo
de films mettant en scène des homosexuels… mais
je ne voulais pas croire que mon mari puisse en
être… », a-t-elle expliqué devant les enquêteurs. Moi
aussi, je dois le confesser, j'ai vu ce type d'images.
C'était sur son ordinateur. Mais, comme Sylvie, je
n'ai pas voulu croire que ce fût autre chose que
de la curiosité de sa part, un hasard d'Internet ou
je ne sais quoi. Comme Sylvie, je me disais que ce
n'était pas possible… Jusqu'au jour où les enfants
l'ont surpris en train de naviguer sur le Web et m'en
ont parlé. C'est Josué, qui n'avait pas encore neuf
ans, qui en avait été le plus choqué. Il avait aperçu
l'ordinateur allumé avec des photographies de ce
genre et, au moment où il était arrivé derrière son
père, celui-ci l'avait immédiatement repoussé. Josué

*Acquittée*

m'a dit qu'il avait eu le temps d'apercevoir « des choses sales » entre des hommes, et j'ai su alors que « c'était vrai ». Josué ne pouvait inventer des choses pareilles. Et puis j'en ai eu la confirmation peu de temps après, quand je me suis rendu compte, en fouillant dans l'ordinateur, qu'il était inscrit sur des sites gays.

Je n'avais jamais jugé bien ou mal qu'un homme fût homosexuel ou bisexuel, mais j'étais écœurée que mon mari me mente depuis tant d'années, qu'il me « trompe » ainsi, si je puis dire, et de surcroît qu'il prenne le risque d'exposer les enfants à des images pornographiques. Je n'en revenais pas. Et puis, à force de réfléchir à cette révélation, je me suis expliqué des tas de choses : sa gestuelle parfois efféminée qui faisait partie de ce qui m'avait séduite au début ; sa manie de traiter mon père et mon frère de « pédés » dès qu'ils avaient une altercation ; ses comportements charmeurs avec certains garçons… Sans vouloir faire de raccourci caricatural, tout prenait soudain un sens. Quant aux conséquences que cela pouvait avoir sur notre vie de couple, au fond, je m'en fichais pas mal. Nous n'étions déjà plus un couple. Ce que j'aurais souhaité, c'est qu'il m'avoue ses attirances. Qu'il consente enfin à être honnête avec moi. Mais le jour où j'ai osé aborder le sujet devant lui, la façon dont il m'a répondu sèchement que c'étaient « des conneries » ne m'a pas laissé le choix : c'était un sujet que je ne devais plus aborder avec lui. Point barre.

Je ne m'y suis risquée à nouveau qu'une seule fois. Ce fut le soir du drame.

*Vers une issue fatale*

Autre chose, dont j'ai eu confirmation au cours de l'enquête : il se serait prostitué. Il aurait fait cela quand il était jeune. Cela se serait passé du côté de Valenciennes. Son frère m'en avait parlé bien des années plus tôt mais, là non plus, je ne l'avais pas cru. Cela me paraissait tellement invraisemblable ! J'ai dû mettre cela sur le compte de leur animosité réciproque ou sur n'importe quelle autre sorte de rancœur. « Lui » ne m'en a jamais dit quoi que ce soit et je ne l'ai jamais interrogé à ce propos. J'ai malheureusement toutes les raisons de penser que cela aussi était vrai, car plusieurs témoignages de notre entourage l'ont directement ou indirectement confirmé quand, à l'approche de mon procès, il a été question d'explorer nos vies. J'ai notamment compris ce qui l'amenait au parc Bertin, le soir après le dîner. C'était pour faire des « rencontres ». Cet endroit, m'a-t-on dit plus tard, serait connu pour abriter des relations homosexuelles cachées. Comment aurais-je pu me douter ? Je ne connaissais de ce parc que ce que j'y voyais en journée : un grand espace vert dans lequel je pouvais me promener en toute quiétude avec les enfants. Après coup, je me suis d'ailleurs souvenue qu'il m'avait un jour défendu de m'y rendre, prétextant que l'endroit était « infesté de drogués » ! Si j'avais su…

Après le drame, j'ai également appris qu'il aurait amené son fils Kévin ainsi que Médhi, l'un de ses amis que nous avons hébergé quelque temps, dans ce fichu parc. Il aurait essayé de leur expliquer

*Acquittée*

comment il faisait des passes pour les convaincre d'en faire autant. Il aurait dit à Kévin qu'il allait le « former ». Il aurait tenté de faire du chantage aux garçons en leur disant que s'ils voulaient obtenir quelque chose de lui, il fallait qu'ils « le fassent ». Mais Dieu merci, les garçons n'ont jamais cédé.

Médhi a également raconté devant les policiers que mon mari aurait tenté d'abuser de lui. C'était quelques semaines à peine avant le drame. Alors que notre jeune ami dormait dans un fauteuil du salon, « il » se serait approché en silence et se serait glissé entièrement nu sous la couverture. Médhi aurait alors bondi hors du fauteuil et lui aurait aussitôt intimé l'ordre d'arrêter, le menaçant de porter plainte. Mon mari se serait excusé, prétextant qu'il voulait simplement plaisanter, mais aurait renouvelé sa tentative peu après. Je n'ai naturellement rien vu de tout cela. J'ai appris plus tard qu'il attendait toujours que je sois sortie (en général pour aller lui acheter sa ration d'alcool…) avant de s'en prendre à Médhi. Celui-ci a raconté que mon mari le suivait alors dans la maison et se montrait insistant jusqu'à ce qu'il se fasse vertement repousser. Mais il recommençait à la moindre occasion. De ce que j'ai su par la suite, il a fallu que Médhi le menace physiquement pour qu'il cesse son harcèlement pervers.

Moi, je peux témoigner d'un fait. C'était durant les derniers mois, aux heures les plus sombres de notre relation… J'étais partie faire les courses et, à mon retour, ma fille Séphora m'a rapporté

*Vers une issue fatale*

une scène à laquelle elle venait d'assister. Un ami de mon mari – je le connaissais comme étant un « membre éloigné » de sa famille, sans plus de précisions – s'était présenté chez nous pendant mon absence. « Ils ont bu un café et après ils sont montés dans la chambre », me dit Séphora avant de poursuivre : « J'ai voulu entrer mais c'était fermé, alors j'ai regardé par le trou de la serrure. » La petite n'avait que dix ans, à l'époque. Elle n'était pourtant pas d'une nature curieuse, mais elle n'avait pas pu s'en empêcher. Les enfants « sentent » quand il se passe quelque chose d'anormal. Elle avait alors entendu une ceinture de pantalon s'ouvrir et avait préféré s'éloigner.

Elle était choquée et écœurée, comme je l'étais en l'écoutant. Car je l'ai crue, bien sûr. Mais qu'aurais-je dû faire ? À cette époque, je ne pouvais imaginer la scène qui avait pu se dérouler dans cette chambre. Nous faisions-nous des idées ? Y avait-il un malentendu ? Quand l'impensable se produit – imaginer que son mari ait une relation homosexuelle sous son propre toit –, on se trouve désarmé. Il aurait fallu que je l'interroge, évidemment, mais c'était inimaginable. C'était une période où la peur m'interdisait tout.

Je ne peux hélas passer sous silence ce que nous avons entendu de plus atroce au cours de l'instruction : les viols qu'aurait subis la première fille de Sylvie, Laura, qu'il avait reconnue. Voici ce qu'elle a déclaré devant les enquêteurs qui lui demandaient

*Acquittée*

de décrire son père : « Il était fou. Je me souviens qu'une fois il m'avait mis de la bombe à mouches dans la figure. Une autre fois, parce qu'il avait perdu aux boules, il était venu vers moi et m'avait cassé le bras. » Puis : « Il m'a violée quand j'avais entre quatre et six ans… » Pour ces déclarations qui n'ont bien entendu pas donné lieu à un procès puisque mon mari n'était plus, « il » restera à jamais présumé innocent et il faut que ce soit ainsi qu'on le considère. Il n'empêche que j'ai été bouleversée par ce qu'a raconté cette enfant. Elle semble encore aujourd'hui tellement hantée par ses souvenirs…

*
* *

Il y a tant de choses que j'aurais aimé garder pour moi, des blessures et des hontes que je préférerais laisser enfouies dans les abîmes du passé. Mais le procès les a rendues publiques et il faut que ce livre soit un témoignage du réel. Que l'on mesure jusqu'où peut mener la violence conjugale. Au-delà de la personnalité particulièrement perverse de celui qui fut mon mari – je crois que personne aujourd'hui ne peut le contester –, il faut aussi comprendre ce qu'une femme battue est capable de « commettre ». Par lâcheté ou par peur, chacun en jugera.

J'ai avorté sans le lui dire. Cela s'est fait très vite mais je me souviens de chaque instant. Comment oublier pareille épreuve ?

Nous sommes un an avant le drame. Je fais une prise de sang parce que je sens qu'il se passe

*Vers une issue fatale*

quelque chose en moi. Je sais que je peux être enceinte puisqu'« il » m'interdit toute forme de contraception et continue de me prendre quand il en a envie. Les résultats d'analyse ne sont donc qu'une confirmation : j'attends un bébé. Et je n'hésite pas une seconde. Je veux avorter. Et à temps, cette fois. Même si c'est une autre forme de torture, morale celle-là. J'ai déjà quatre enfants de cet homme. Quatre enfants qui vivent un calvaire. Il n'y en aura pas d'autres. Je ne veux plus imposer cela. Je demande à mon médecin comment procéder. Je lui fais entièrement confiance. Il me connaît, c'est mon médecin traitant. Je lui dis que je veux avorter seule. « En cachette. » Je lui explique pourquoi. Parce que mon mari n'accepterait jamais une telle décision. Et il comprend la situation. Quel soulagement ! Il m'aide tout de suite. Il me communique un numéro de téléphone à l'hôpital de Douai. Un service spécialisé. « Cela prendra une matinée », me dit-on. Il va falloir que j'invente une excuse pour m'absenter aussi longtemps. Pour qu'« il » ne se doute pas. Peu importe, je trouverai… Je prends rendez-vous et je me rends à l'hôpital quelques jours plus tard, un matin, de bonne heure…

Une amie m'a aidée à imaginer un alibi. Elle « lui » a raconté qu'elle m'avait invitée à lui rendre visite, mais que le trajet, en bus, pour aller chez elle pouvait « prendre toute la matinée, voire plus »… Et par chance, ce jour-là, il m'a laissée partir.

J'arrive à l'hôpital dans un état de stress et d'angoisse que j'ai rarement connu. Je lui ai laissé les enfants, ce qui n'arrange rien. Les couloirs

*Acquittée*

sont quasiment déserts. Je me présente, demande comment faire, où aller. On me dirige de salle en salle, on me donne des papiers à remplir. « Anonymat garanti ». Les médecins, les infirmiers, les secrétaires… chacun a une tâche bien définie. Et tous me demandent si je suis sûre de vouloir avorter. Ils me disent que certaines femmes regrettent, mais je n'ai pas l'impression d'être jugée. Alors je répète que je suis décidée. Ils peuvent me dire n'importe quoi, j'irai jusqu'au bout.

On me fait enfiler une blouse et l'on m'installe dans une pièce qui ressemble à une salle d'opération. Un médecin s'approche et me donne un médicament à avaler. Je n'ai plus qu'à attendre que le cachet fasse effet.


Au-delà des douleurs physiques à la suite de cette « intervention », j'ai le souvenir d'un instant bouleversant, quand j'ai recouvré mes esprits. J'étais traversée par tant d'émotions contraires… Soulagée et apaisée que cela soit « fait », mais terriblement peinée d'avoir dû en venir à cette extrémité.

Cet enfant, aujourd'hui, je m'efforce de ne pas y penser. Et quand je ne peux faire autrement, quand je suis rattrapée par cette blessure, il m'arrive d'avoir des regrets. C'est en moi : avorter – ôter la vie – n'est jamais une solution convenable. Mais je sais également que certaines situations, hélas, ne laissent que peu de choix.

J'ai gardé pour moi ce secret jusqu'à ce que le procès me conduise à le révéler. « Lui » ne l'a jamais

*Vers une issue fatale*

su. Comme il a ignoré que j'ai eu recours, ce matin-là, à la pose d'un stérilet. Il est mort sans savoir tout cela.

*
* *

Je ne me suis jamais sentie aussi seule que les jours qui ont suivi mon avortement. Parce que j'avais choisi de me taire et de ne pas étaler mes souffrances. Parce que je n'avais personne à qui me confier. Aucune épaule sur laquelle me reposer. Et « lui » continuait sa vie en buvant, en me violentant et en nous harcelant, les enfants et moi.

Le plus dur était quand il parvenait à donner l'image d'un homme « normal » devant nos amis ou nos proches. Car il pouvait présenter un autre visage. Il ne se cachait pas d'insulter sa femme et de battre ses enfants devant certaines personnes, nous l'avons vu, mais il ne le faisait pas devant tout le monde. Il pouvait donner l'image d'un homme agréable. Mon père, qu'il craignait, a par exemple dit plus tard : « À Douai, j'ai continué à rendre visite à ma fille jusqu'au bout malgré ce que je pensais de cet homme. Jamais je ne l'aurais abandonnée. Avant qu'elle ne me raconte tout, je me doutais bien qu'il se passait "des choses", mais il est vrai que, lorsque j'allais chez eux, lui se montrait le plus souvent calme, voire serviable. » Une voisine que nous fréquentions peu a aussi raconté ceci durant l'enquête : « Marcelino nous parlait plus facilement qu'Alexandra. Elle, on ne la voyait quasiment

*Acquittée*

jamais. Nous échangions quelques banalités comme le font tous les voisins. » Et quand les policiers lui ont demandé si « lui » s'alcoolisait, sa réponse a été claire : « Je ne l'ai jamais vu ivre. Pour moi, c'était un homme gentil. En tout cas c'est l'impression qu'il me donnait. » Dominique, notre ami et voisin, a de son côté reconnu que « Marcelino pouvait même se montrer généreux ». « Il lui est arrivé de me prêter un peu d'argent quand nos fins de mois étaient difficiles », a-t-il raconté avant de préciser, lui qui connaissait nos disputes et qui se doutait bien que celles-ci n'étaient que la partie émergée d'incidents plus graves : « Il avait le cœur sur la main quand il n'avait pas bu. Il pouvait être quelqu'un de gentil. Il avait une double personnalité. »

Une « double personnalité », oui… Je l'ai pensé les rares fois où nous nous présentions encore, au cours de ces deniers mois cauchemardesques, côte à côte au regard des gens. Notre quotidien était alors devenu si noir que son « autre visage » n'en était que plus remarquable. Il était si différent dans ces moments-là ! Une fois ou deux, nous sommes allés à l'école ensemble. Séphora et Josué étaient en primaire, Saraï à la maternelle. J'étais mal à l'aise. Je baissais la tête et mon regard fuyait ceux des parents ou des instituteurs que nous croisions. J'avais honte. Je craignais que mon calvaire, les humiliations, les relations intimes forcées, les étranglements, les coups sur les enfants puissent se lire dans mes yeux. Lui, il était calme, « comme si de rien n'était »,

*Vers une issue fatale*

pourrais-je dire. On aurait cru un papa « ordinaire » et il me semble que personne n'a pu se douter de quoi que soit en le voyant ainsi évoluer entre ses enfants et moi.

Cette « double personnalité » était plus flagrante encore quand nous nous rendions à l'église. Là, il en faisait des tonnes et il parvenait même à tromper ceux qui croyaient le connaître à force de le fréquenter. Avec ceux-là, il ne montrait que le bon côté de sa personne. Il me prenait par l'épaule et me présentait à ses amis. « C'est ma femme ! », disait-il en pavoisant comme si j'étais sa plus grande fierté. Je me sentais alors comme une bête de foire ou un produit d'appel dans les magasins. Je n'étais qu'une chose, un objet. Je mourais d'envie de soulever son masque pour dévoiler son vrai visage, mais je n'en avais évidemment pas l'audace. Et si je m'aventurais à faire une remarque ou une simple grimace dubitative, un seul regard de sa part (toujours le même, celui qui me terrifiait) suffisait à me remettre dans le droit chemin.

Je ne suis pas capable de dire aujourd'hui si mon mari se rendait compte de ses propres mensonges. Ils étaient tellement énormes. Avait-il réellement une double personnalité ? Était-il devenu « fou » au point d'abriter deux êtres en lui ? Je me souviens d'une scène hallucinante qui force à se poser la question…

À l'église, nous avions sympathisé avec un autre couple de chrétiens avec qui nous parvenions

*Acquittée*

à avoir des conversations normales au cours desquelles mon mari restait calme et posé – je suis obligée de le souligner car cela était devenu exceptionnel. Nous parlions de Dieu, des enfants, du travail de ce monsieur, ouvrier chez Renault comme mon père, et de la vie en général. Je n'avais pour ma part qu'une réserve : j'étais convaincue que cet homme battait son épouse. Cela ne s'explique pas, je le « sentais ». Je n'avais aucun doute, même. Et puis un jour, alors que mon mari et moi étions au téléphone avec cette femme, nous avons compris qu'une violente dispute éclatait à l'autre bout du fil. Nous avons entendu des hurlements, des cris, puis un bruit sourd et métallique. L'appareil venait de tomber au sol. À partir de ce jour, mon mari a eu cet homme en horreur. Et plus incroyable encore, il a eu de la compassion pour cette pauvre femme. Il la plaignait et ne comprenait pas qu'elle puisse subir pareil traitement ! Quelle différence voyait-il entre elle et moi ? Je n'en ai aucune idée. Je sais que cela paraîtra incroyable, mais je n'ai jamais pu lui poser la question. Il faut être pris dans le tourbillon de la violence pour comprendre qu'une femme battue finit par fuir toute occasion de déclencher une nouvelle salve de coups, quand bien même cette occasion pourrait être salvatrice.

On m'a récemment fait lire un texte écrit de sa main en 2009, quelques semaines avant sa mort. Nous étions plongés dans les bas-fonds de la

*Vers une issue fatale*

violence conjugale. Ce texte, qu'il avait rédigé sur un blog Internet, je le relis aujourd'hui avec stupéfaction. À la rubrique « Notre vie de famille », il écrit[1] : « J'étais divorcé depuis deux ans quand j'ai rencontré ma femme chez moi à la caravane. Elle était venue avec une amie qui me l'a présentée, c'était le début 97. Nous nous sommes mariés le 13 juin 1997. Puis Dieu nous a donné quatre très beaux enfants qui chaque jour nous remplissent de joie et de bonheur. On a eu beaucoup de hauts et de bas mais avec la force de l'amour on surmonte toutes les épreuves. Il y a deux ans j'ai retrouvé ma fille Sabrina après plusieurs années de séparation et elle m'a annoncé que j'allais avoir une petite-fille. J'étais fou de joie de retrouver une partie de ma famille. Et le 13 décembre 2008 mon fils Kévin et revenu vivre avec nous à la maison. Avec lui c'est plus dur mais bon c'est mon enfant et je l'aime. Et je suis très heureux d'avoir mes six enfants auprès de moi. Ma femme Alexandra est une femme joyeuse et comblée d'avoir toute la famille réunie. Et le 13 juin c'est notre anniversaire de mariage. Ça fera onze ans que nous sommes mariés et je l'aime ♥. Merci pour votre lecture et à bientôt. »

Et puis, sur une autre page du blog réservée à cet effet, il a publié des vidéos de clips musicaux (des chansons d'amour, un album de photos d'enfants titré « Le plus beau cadeau de la vie », des chants évangélistes intitulés « Amour et partage ») et des clichés de nous tous. On devine que, les uns après

---

1. J'ai choisi de corriger les fautes d'orthographe de ce texte en prenant garde de n'en modifier aucun terme.

les autres, les enfants sont passés devant la webcam. Même nous, en couple. Et enfin lui, seul, sur trois clichés. Certes, nos sourires sont un peu crispés sur ces images, mais nous pouvons donner l'impression d'être une belle et grande famille... C'était il y a moins de quatre ans mais je n'ai pas de souvenirs de cette soirée-là – la capacité d'oubli, certainement. Cela devait être un soir où « il » était bien. Un moment d'accalmie de quelques heures. Peut-être même une soirée agréable. Il y en a eu quelques-unes, certes. Mais en parcourant ce blog, si proche du drame, l'absurdité de ce que nous vivions me saute aux yeux. Comment peut-on « faire semblant » à ce point ? Et moi, comment ai-je pu me mentir si longtemps ?

\*

\* \*

Ce n'est que dans les tout derniers mois, après douze années de violence, que j'ai réellement commencé à me confier sur ce que je vivais. Pensais-je que c'était là mon ultime chance de sortir de cet enfer ? Pressentais-je que nous nous dirigions vers une issue fatale ? Qu'il finirait par me tuer ? Je n'en pouvais plus de souffrir. Trop d'insultes, d'humiliations et de coups ont fini par me faire dépasser mes peurs. J'étais tellement à bout que la crainte de lui déplaire et d'être battue (j'aurais eu droit à une sacrée correction si, par malheur, il avait appris que je m'étais plainte à qui que ce soit) ne suffisait plus à m'empêcher de parler.

*Vers une issue fatale*

Bien sûr, on ne révèle pas tant de secrets et de hontes du jour au lendemain. C'est un processus long et épuisant. Impossible de me souvenir précisément de ce que je disais, car je trouvais toujours des formules détournées, des allusions, pour que l'un ou l'autre comprenne ou m'interroge davantage. Je n'ai d'abord livré que des petites bribes de notre calvaire. Et encore, il m'arrivait le plus souvent, les premières fois, de revenir sur mes « aveux » ou de finalement les minimiser dès qu'ils m'avaient échappé. Mes confidents, dans ces cas-là, ne poussaient pas la curiosité très loin. Je me souviens de conversations avec notre voisine Fatima. J'essayais de lui faire comprendre ce qu'elle devait déjà deviner mais elle éludait aussitôt. Au cours de l'enquête, elle a dit : « Ceci ne me regardait pas et je ne voulais pas envenimer les choses. Alors je changeais de sujet, je ne cherchais pas à en savoir plus. Vous savez, quand on se voyait, Alexandra faisait mine que tout allait bien, alors on n'est jamais sûr… » Je ne lui en veux pas. Sincèrement. Je suis la première responsable. Parce que je ne voulais (ou ne pouvais) pas tout dire.

J'ai exactement le même sentiment vis-à-vis de mon frère Yohan que je ne voyais quasiment plus mais qui avait profité de l'une de nos rares rencontres pour me questionner. C'était au soir de notre dernier après-midi familial chez ma sœur, pour les anniversaires des enfants. Il m'avait accompagnée jusqu'à la supérette parce que mon mari avait exigé que j'aille acheter de l'alcool avant de rentrer à la maison. Cela avait attisé ses soupçons (comme

*Acquittée*

tout le monde il se doutait) et, sur le trajet, il avait essayé de comprendre ce qu'était ma vie. Je lui avais d'abord fait des réponses vagues mais il avait insisté – je crois qu'il suffisait de voir mon visage quand on évoquait mon mari pour comprendre – et avait conclu en me disant que cela ne pouvait plus durer et qu'il fallait que je parte.

La belle affaire ! Je savais bien que c'était l'unique solution. Je n'avais pas besoin de ce conseil, j'avais besoin d'aide pour réussir à fuir. En fait, il aurait fallu que quelqu'un me prenne par le bras, qu'il prenne également les enfants et qu'il nous emmène. Là je n'aurais pas résisté. Je ne pouvais pas avoir la force de le faire toute seule. J'avais encore trop peur. Est-ce que j'en veux à mon frère ? Non, je n'y arrive pas. Pas plus à lui qu'aux autres. Aurais-je fait mieux à sa place ? Et puis je ne lui ai pas demandé cette aide. J'ai même fini par lui dire, ce soir-là, que mon mari allait changer, qu'il me l'avait promis…

Je me souviens aussi de m'être confiée longuement à cette femme battue, celle du couple que nous avions rencontré à l'église. Avec elle, nous nous retrouvions dans la cuisine pour faire la vaisselle ou dans les chambres pour coucher les enfants tandis que les hommes continuaient leur conversation au salon. Nous parlions de nos malheurs, de nos misères. Mais comment cette femme aurait-elle pu m'aider alors qu'elle était exactement dans la même situation que moi et qu'elle n'avait pas plus de solutions ?

J'ai sans doute raté une grande occasion de m'en sortir un jour où une assistance sociale, quelques

*Vers une issue fatale*

mois avant le drame, m'a poussée à me confier. Au départ, cette rencontre était faite pour discuter des aides diverses dont je pouvais bénéficier mais elle avait employé les mots justes pour m'aider à franchir le mur de mes hontes. Et j'avais parlé. Beaucoup. En confiance. Nous étions dans son bureau. Et là, elle l'a fait entrer, « lui », pour le questionner ! Je me suis sentie prise au piège, même si l'assistante sociale avait sans doute les meilleures intentions. Qu'allais-je subir quand nous nous retrouverions seuls, lui et moi, à l'abri des regards ? Cette femme m'a mise dans une situation tellement inconfortable que j'ai outrageusement menti sous ses yeux. J'ai nié lui avoir raconté quoi que ce soit. Avec suffisamment d'aplomb pour que l'incident en reste là.

Je suis la première fautive. J'ai trop tardé à me confier réellement, aux bonnes personnes – inconsciemment, sans doute me suis-je d'abord adressée à celles qui ne risquaient pas d'ébruiter mes secrets… Le seul à qui j'osais ne rien cacher était le Seigneur. Je priais de plus en plus souvent pour qu'Il entende mes plaintes, qu'Il « le » fasse changer, qu'Il invente n'importe quelle issue à mon calvaire. Je Lui demandais : « Pourquoi moi ? Qu'ai-je fait ? Que faut-il que je fasse ? » Je Lui ai même écrit une longue lettre dans laquelle je Lui racontais ma vie. J'étais dans la maison, en larmes. C'était après une nouvelle scène de violence. Je Lui disais que c'était « tout le temps ainsi », que « même le fait que je dorme, ça pouvait l'énerver », que

*Acquittée*

je n'en pouvais plus de subir les coups, qu'il était intolérable de laisser un homme s'en prendre à ses enfants… Je Lui demandais pourquoi je souffrais ainsi, pourquoi j'avais un mari comme ça, « un chrétien, pourtant »… Mais cette lettre ne fut qu'un signe supplémentaire de mon impuissance.

*
* *

En me « confiant », j'ai parfois été confrontée à l'indifférence ou la gêne, j'ai parfois trouvé une oreille attentive et des gens compatissants mais, au final, seul mon père a eu le courage de venir réellement à mon secours en me prenant par la main pour me montrer l'unique issue possible : la fuite.

Je savais depuis toujours qu'il était le seul à pouvoir me sortir de là, mais je lui ai trop longtemps caché la vérité à lui aussi. Peut-être même plus qu'aux autres. Je crois que je redoutais sa réaction. Je savais qu'elle serait brutale, extrême peut-être, et qu'il ne me laisserait pas une journée de plus dans ce cauchemar. C'est ce que je voulais mais j'en mesurais les risques. J'avais également peur de la réaction de mon mari, des conséquences, de la façon dont cela se passerait, des représailles qu'encourait mon père, de ma vie « après », de ce que deviendraient les enfants, de la tournure des événements si ma fuite échouait… Je ne sais pas. Je ne sais plus. Pardon papa de ne pas t'avoir fait confiance plus tôt.

Jusqu'au bout je lui ai menti en minimisant l'ampleur des violences que je subissais. Et quand je

*Vers une issue fatale*

me suis enfin décidée à lui parler, quand il n'a plus eu de doute (je ne lui ai pourtant pas tout dit ce jour-là, il s'en faut de beaucoup), il a tout fait pour m'extirper des griffes de mon bourreau. Mais il n'en a pas eu le temps. Le drame est arrivé. Imprévisible.

## – 7 –

## Une journée « ordinaire »

« S'il n'y avait pas eu ce coup de couteau, c'est lui qui aurait fini par te tuer… » Combien de fois m'a-t-on répété ce genre de phrase depuis que tout cela est terminé ? Personne ne peut savoir où nous en serions aujourd'hui, évidemment, mais cela donne une idée de ce que les enfants et moi avons pu vivre les derniers temps. Il a fallu une énième dispute, une ultime scène d'horreur, ce couteau « comme un objet du destin », selon l'expression de l'avocat général Luc Frémiot, pour que l'enfer prenne fin.

Ça n'aurait pas dû arriver. C'était un accident. Ce n'était pas une fatalité. Et pourtant, maintenant que j'ai pu analyser objectivement l'enchaînement des faits, je ne peux m'empêcher de penser qu'« il » nous a poussés vers cette fin tragique.

*Acquittée*

Mon mari a peu à peu perdu tout contrôle de lui-même. Et je ne parle pas seulement des coups qu'il pouvait m'infliger. Une chose m'effrayait particulièrement : il parlait seul, comme s'il s'adressait à quelqu'un assis en face de lui, et prétendait qu'il appartenait à une secte satanique. Il disait qu'il pratiquait la magie noire. Il se mettait devant un miroir et il invoquait le Diable. Il disait qu'il devait se couper les veines et qu'il devait donner des bébés en offrande à Satan ! Et que, comme il avait fait un pacte avec celui-ci, il serait poursuivi toute sa vie s'il n'exécutait pas ce que les forces du Mal lui ordonnaient. De plus, ajoutait-il, cela pouvait se retourner contre notre famille. Il mélangeait tout – la secte, Satan, la magie noire – mais il était tellement pris par ce qu'il disait qu'il réussissait à m'effrayer au point qu'il m'arrivait de sentir une « présence » dans la maison…

Mon mari était de plus en plus hanté par la mort. Il n'avait que ce mot-là à la bouche. Il voulait toujours mettre « des contrats » sur la tête des gens, comme dans les films américains. C'est une expression qu'il employait souvent. Une semaine avant le drame, par exemple, il avait promis le pire à mon amie Brigitte parce qu'il la soupçonnait de manigancer dans son dos. Je le revois, seul, comme s'il s'adressait à un mur : « Elle va crever avec toute sa famille, marmonnait-il. Je vais mettre un contrat sur eux… » Au cours de l'instruction, j'ai également compris comment il s'en est pris à Médhi, ce

208

*Une journée « ordinaire »*

jeune homme que nous avons hébergé durant les quelques semaines qui ont précédé le drame. Cela se serait produit à quatre ou cinq reprises, à chaque fois en mon absence. Médhi a expliqué que mon mari le harcelait en lui disant qu'il voulait faire sa vie avec lui parce qu'il « l'aimait », et que s'il refusait, il le tuerait et le « donnerait au Maître » (quand il disait cela, c'était pour évoquer Satan). Et pour parvenir à ses fins, il lui aurait mis plusieurs fois un couteau sous la gorge.

Je n'étais évidemment pas épargnée par ces menaces. Moi aussi j'avais droit à mes promesses de « contrat ». De plus en plus fréquemment. Je ne peux pas dire que je les ai prises au sérieux (je ne voyais pas bien qui aurait pu exécuter son « contrat » puisqu'il avait si peu d'amis) mais, le connaissant, qui n'aurait pas craint qu'il exécute ce contrat lui-même ?

*
* *

La violence conjugale est une machine folle qui s'emballe et que rien ne semble pouvoir arrêter. De semaine en semaine, de jour en jour, la situation s'est aggravée. Les coups étaient toujours plus forts, les menaces toujours plus grandes. Les situations de danger de mort toujours plus nombreuses.

Je n'ai jamais voulu la mort de Marcelo Guillemin. Je l'ai dit et je ne cesserai de le répéter. A-t-il réellement voulu la mienne ? Nous ne le saurons jamais non plus. Une seule chose est sûre : plus

*Acquittée*

les semaines passaient, plus il nous poussait à bout et nous mettait en danger. Une première fois, le 17 février 2009, soit quatre mois presque jour pour jour avant le drame, nous avons frôlé la catastrophe. Sa fille Sabrina et le beau-père de celle-ci étaient venus déjeuner avec nous. Nos quatre enfants étaient là. Le repas s'était déroulé « normalement ». Je n'avais plus que quelques minutes devant moi pour faire la vaisselle avant de préparer les enfants pour les raccompagner à l'école. Je revois la scène : il me rejoint dans la cuisine. Il me « taquine ». Me bouscule. Il a trop bu. Je râle. Ça le fait rire. Il saisit un coussin et me donne des coups avec. Sur la tête. Je le connais : il a besoin de montrer qu'il existe. Qu'il est là. Juste pour « embêter son monde » et pour « amuser la galerie ». Pour lui c'est un jeu, mais pas pour moi. J'ai mal au crâne. J'ai une migraine. Je suis épuisée par cette vie. Je dois préparer Séphora, Josué et Saraï pour les emmener à l'école. Je n'ai pas le temps de me prêter à son jeu. Je suis fatiguée. Il faut que je termine la vaisselle. Je lui demande d'arrêter. J'essaie de finir ce que je suis en train de faire. Il voit bien que ça ne me fait par rire. Mais il continue. Je lui dis : « Attention ! J'ai des couteaux dans la main ! » Je veux lui montrer que son jeu est idiot et dangereux, mais il s'approche, comme pour me provoquer. Il sait pertinemment que je ne lui ferai rien. Il sait que j'ai trop peur de lui. Et soudain il se jette sur moi. Le couteau le touche à l'abdomen. Il s'écroule. Qu'ai-je fait ? Qu'a-t-il fait ? J'ai peur. Peur de lui avoir fait mal. Peur de ce qui va se passer après.

210

*Une journée « ordinaire »*

Il est au sol, il dit qu'il a mal, en effet. Sabrina et son beau-père sont là. Ils ont tout vu. Ils sont paniqués, comme moi. Nous sommes d'accord : il faut l'emmener à l'hôpital. Mais il ne veut pas en entendre parler ! Alors je fais ce que je peux pour le soigner : j'applique des compresses imbibées de désinfectant sur sa blessure. Je trouve une boîte d'Efferalgan puis me ravise. J'ai le vague souvenir que les antidouleurs fluidifient le sang. Je ne peux pas lui donner n'importe quoi. Je ne sais pas quoi faire. J'en suis malade. Et si sa blessure s'aggravait ? C'est tout de même moi qui lui ai « fait ça », indirectement. Je ne veux pas qu'il en meure ! Je vis des horreurs, mais de là à provoquer sa mort ! Alors nous essayons de le raisonner, de lui faire comprendre qu'il est plus prudent de voir un toubib, mais rien n'y fait.

Finalement, ce n'est que le lendemain, convaincu par nos voisins Fatima et Dominique, qu'il acceptera de se rendre à l'hôpital. Et là, face aux questions des médecins, il expliquera sa blessure en racontant qu'il a été agressé dans la rue par quelqu'un qui lui demandait une cigarette…

Pourquoi n'a-t-il pas dit la vérité ? Il s'était carrément jeté sur moi, donc sur les couteaux, provoquant l'accident. A-t-il eu peur que les personnels soignants – et pourquoi pas la police – s'interrogent sur notre « cas » ? A-t-il craint que j'aille en prison ? Ou d'être arrêté, lui ? C'était forcément un peu de tout cela à la fois. Quoi qu'il pût dire sur mon compte (que j'étais bonne à rien, fainéante, etc.), il avait bien conscience de ce qu'il risquait de perdre :

*Acquittée*

il n'aurait plus « bobonne » à la maison ; Il perdrait, à coup sûr, les enfants (il reconnaissait lui-même que j'étais une bonne mère) ; il serait privé de son « confort » (il n'avait qu'à lever le petit doigt pour être servi)…

*
* *

Un compte à rebours s'est déclenché au cours des quelques semaines (trois ou quatre, au plus) qui ont précédé ce maudit soir de juin 2009. Cela ne pouvait plus durer. Et enfin j'ai osé agir. C'était décidé : il fallait que je parte et que je le dénonce. Il me battait tout le temps. Il s'en prenait aux enfants. Je n'en pouvais plus. Je pleurais beaucoup. Presque chaque jour. Dès qu'il était en manque d'alcool, il devenait menaçant. Qu'il vente, qu'il neige, qu'il pleuve, je devais aller lui chercher sa ration pour ne pas être battue. Mon amie Brigitte a assisté à l'une de ces scènes. Nous étions à table, les bouteilles étaient vides. Il était en manque. Il s'est mis à hurler : « Va m'en acheter, allez ! » Je n'ai pas tout de suite réagi. Je savais que la supérette était fermée et que seul le petit épicier du coin, où les alcools sont hors de prix, était ouvert. J'étais en train de me dire que nous n'avions plus que quelques euros pour finir le mois, qu'il fallait que je fasse attention à chaque centime pour nourrir correctement les enfants, quand il s'est mis à crier encore plus fort : « Alors, tu vas chez le bicot ? Tu vas m'en chercher ? » Je me suis tournée vers Brigitte : « Il va encore s'en

prendre à moi et aux enfants… Il faut que j'y aille. »
Et Brigitte m'a donné un peu d'argent. Elle était
aussi tétanisée que moi.

Ses violences étaient devenues si insupportables
que, pour la première fois, le 12 juin 2009, j'ai osé me
rendre au commissariat. Il m'avait encore fracassée de
coups. J'ai appelé mon père. Et je lui ai raconté ce qui
venait de se passer. J'étais en pleurs et paniquée. Je ne
pouvais plus lui cacher la vérité – déjà, au cours des
semaines précédentes, je lui avais laissé entendre ce
que je vivais et il m'avait promis de me sortir de là. « Il
faut que tu ailles à la police ! », m'a-t-il dit. Il voulait
m'accompagner mais était coincé au travail, loin de
moi. « Appelle ta sœur et allez-y ! Déposez plainte ! »
J'ai encore hésité, je tremblais, mais cette fois je l'ai
fait et nous y sommes allées. Pour rien hélas. Ou si
peu. Après avoir entendu le récit de ce que je venais
de subir, un agent m'a fait signer une simple main
courante. Pour la plainte, il faudrait voir… J'étais
révoltée, apeurée à l'idée que mon mari découvre
ma démarche, et plus paniquée encore qu'avant de
me rendre au commissariat. Je savais que cette main
courante n'aurait aucun effet. Que pouvais-je faire
de plus ? Je m'étais enfin décidée à « tout déballer »
(même si je dois reconnaître que je n'ai pas eu la
force, ni la lucidité, ni le temps ce jour-là, de tout dire)
et l'on n'entendait pas mes appels au secours.

*

\* \*

*Acquittée*

À la suite de cette plainte, mon père a pris les choses en main. Pour de bon. Il a organisé ma fuite. Il avait déjà évoqué « un plan pour partir » quand j'avais commencé à me confier à lui et, cette fois, c'était la goutte de trop. Restait à mettre le plan en application : me faire « disparaître » avec les enfants et nous mettre à l'abri quelque part où mon mari ne nous retrouverait pas. Ensuite, je déposerais une plainte. Puis une autre si nécessaire. Il fallait que nous soyons au clair avec la loi. Que je ne puisse pas être accusée d'abandon du foyer ou de je ne sais quelle autre faute.

Pour ce faire, mon père avait mis plusieurs personnes « acquises à ma cause » dans la confidence : Fatima et Dominique nos voisins, sa compagne Marie-Paule et l'un de ses copains en qui il avait confiance. Il avait tout prévu : Dominique avait accepté d'éloigner mon mari en le trimballant quelques heures en ville (ce n'était pas le plus compliqué, il aurait suffi de lui proposer d'aller boire un verre dans un bar). J'aurais ensuite pris la fuite avec les enfants et, avec le reste de la bande, nous aurions dispatché les meubles, nos vêtements, les jouets des enfants à gauche et à droite, chez les uns et les autres. Ne manquait plus qu'un point de chute pour mes petits trésors et moi-même. Un lieu sûr, de préférence un logement dont « il » ne pouvait suspecter l'adresse. Mon père voulait veiller au moindre détail. Il ne devait pas y avoir de faille. La machine était enclenchée. Mais quand nous en parlions, il devait me réexpliquer chaque étape. J'étais tellement anxieuse de ce qui m'attendait, le

*Une journée « ordinaire »*

« changement » que j'espérais depuis si longtemps était soudainement si proche que j'oubliais tout d'un jour à l'autre. « Je vais trouver où vous pourrez aller, ne t'inquiète pas, disait-il pour me rassurer et pour que je garde encore la force de tenir. Ce sera fait en septembre au plus tard. »

Nous n'avons malheureusement pas pu mettre le « plan » à exécution. La dernière fois que nous l'avons évoqué à l'occasion de l'anniversaire de Marie-Paule, la compagne de mon père, c'était le 17 juin 2009. La veille du drame.

*
* *

Un jour, je suis passée du statut de femme battue à celui de meurtrière. Il faut imaginer ça : tuer quelqu'un. Quelqu'un que l'on connaît et que l'on a aimé. C'était « une journée ordinaire », comme l'a dit l'avocat général. Une journée faite de tensions. De disputes. D'angoisses. Ça a commencé dès le matin. De retour d'un rendez-vous à la Croix-Rouge où il avait exceptionnellement accepté de se rendre, il s'est agacé. Il était 10 heures et il n'y avait plus d'alcool à la maison. Je n'avais pas pris le temps d'aller au magasin chercher « sa bouteille ». Les règles étaient pourtant claires depuis longtemps : je devais me rendre le matin à la supérette pour acheter une bouteille de mousseux, puis je devais y retourner l'après-midi pour en rapporter une seconde ainsi qu'une grande bouteille de bière d'un litre. C'était ainsi et pas autrement.

215

*Acquittée*

Une fois « ravitaillé », il s'est mis à boire et m'a versé un verre que j'ai accepté pour ne pas le voir s'alcooliser seul – j'avais horreur de ce spectacle dégradant. Pour lui faire croire, aussi, que je voulais partager un moment avec lui. Pour ne pas le contrarier. Pour calmer la tension que je sentais monter. Mais dès qu'il est sorti fumer une cigarette, j'ai reversé le contenu de mon verre dans la bouteille. Et celle-ci « y est passée » en une demi-heure. Il s'est ensuite allongé dans le canapé avec notre dernier fils Siméon, et n'a quasiment plus bougé de l'après-midi. À un moment, il m'a tout de même adressé la parole pour me demander d'aller à la mairie car il fallait y porter un document administratif pour le baptême de Siméon, prévu le samedi suivant. Mais comme j'étais en train de préparer le dîner (je m'y prenais tôt car il fallait nourrir les quatre enfants, nous, plus son fils Kévin et le copain Médhi), je lui ai dit que je n'avais pas le temps d'y aller et j'ai bien vu que ça l'énervait.

Vers 16 h 30, nos voisins Dominique et Fatima sont venus à la maison discuter quelques minutes des derniers préparatifs du baptême. Dominique avait accepté d'être le parrain de notre fils, et Fatima, d'être la marraine. « Il » était déjà passablement ivre. La grande bouteille de bière était presque vide sur la table et la seconde bouteille de mousseux attendait son tour pour être ouverte. Séphora, Josué et Saraï-Béthanie avaient terminé leur journée d'école. Médhi s'est installé devant la télévision avec Siméon. Ne manquait plus que Kévin que l'on attendait généralement autour de 17 h 30.

*Une journée « ordinaire »*

Nous étions tous là. Il n'y avait rien de spécial mais l'atmosphère, comme cela arrivait souvent, semblait chargée d'électricité.

Séphora est montée dans sa chambre pour préparer quelques affaires en vue de la kermesse de l'école. Presque aussitôt, Fatima l'a suivie pour aller aux toilettes qui se trouvaient au premier étage. Et une dispute les a brusquement opposées. Fatima, une femme douce et fragile mais, comme moi, très à cheval sur la tenue d'une maison, aurait eu des mots désagréables sur la prétendue saleté des WC. Séphora, un peu vexée, aurait alors mal réagi et aurait dit à Fatima, avec ses mots d'enfant, que si elle n'était pas contente elle n'avait qu'à rentrer chez elle. Fatima lui aurait à son tour répondu vertement qu'une petite fille de dix ans ne devait pas parler ainsi et... Bref, le ton est monté. Nous l'avons entendu et nous avons tous vu sur son visage que Fatima était contrariée par l'échange qu'elle venait d'avoir avec notre fille. C'est alors qu'« il » s'est d'un seul coup levé de sa chaise, sans même essayer de comprendre, pour infliger une bonne correction à la petite. Fatima a essayé d'intervenir en disant que ce n'était rien, qu'il était inutile de s'énerver ainsi, mais cela n'a fait qu'accentuer sa colère. « Elle ne doit pas te parler comme ça, c'est tout ! », a-t-il conclu avant que nos amis décident d'écourter leur visite et de rentrer chez eux.

Quelques minutes plus tard, le téléphone a sonné. C'était Fatima. Elle voulait me joindre pour, j'imagine, m'expliquer les raisons de la dispute et en discuter avec moi, mais c'est « lui » qui a décroché

217

*Acquittée*

et j'ai compris qu'il refusait de me la passer. Je l'ai entendu marmonner et grogner sans vraiment saisir ce qu'il disait et j'ai su immédiatement que j'aurais droit à l'une de ses crises de violence. Il avait sa tête des pires instants. J'ai enfin deviné qu'il matraquait Fatima de questions pour connaître les détails de cette dispute dans la chambre quand, soudain, il m'a tendu le téléphone en me demandant de m'occuper de Fatima parce qu'elle n'allait pas bien. Il a dit : « Je reviens. – Qu'est-ce qu'il y a ? Dis-moi ? », l'ai-je supplié en comprenant que c'était Séphora, et non moi, qui allait passer un mauvais quart d'heure. « Je t'expliquerai », a-t-il tranché en montant quatre à quatre les escaliers.

J'ai entendu des cris. Les siens d'abord. Il reprochait à la petite, en hurlant, d'avoir fait pleurer notre amie. « Qu'est-ce que t'as encore fait ? Qu'est-ce que tu lui as dit ? » Il l'insultait. Ses mots habituels : « Espèce de p... ! », « conasse ! » Il se déchaînait : « Va faire le trottoir ! » J'ai alors entendu ses cris à elle, mon trésor. Elle voulait se défendre et essayait d'expliquer, dans un réflexe de son âge, que ce n'était pas elle mais Fatima qui avait commencé, mais il a hurlé plus fort encore et un bruit terrible a claqué parmi les hurlements. Les cris de Séphora se sont interrompus. J'étais pétrifiée. Je ne pouvais plus bouger. J'entendais maintenant les claquements des gifles qui tombaient. Séphora pleurait, criait encore et je comprenais dans ses sanglots qu'elle n'avait plus la force de se défendre.

Il est redescendu et s'est planté devant moi. Sans dire un mot. J'étais encore plus terrorisée par ce

*Une journée « ordinaire »*

silence. J'étais malade en pensant à l'état dans lequel je retrouverais ma petite fille. Mon cœur battait si fort que je le sentais dans mes tempes. J'ai pris une grande respiration et je suis montée. Elle s'est précipitée dans mes bras et je l'ai serrée contre moi. Pauvre petite. Que pouvais-je faire pour elle ? Que devais-je faire pour la protéger, pour nous protéger tous ? Je n'en pouvais plus. J'avais peur de lui, pour moi, pour les enfants. Comment tout cela allait-il finir ?

Séphora était brûlante. Je lui ai donné un cachet contre la fièvre, j'ai appliqué un gant de toilette sur son front car elle avait mal à la tête et l'ai couchée dans mon lit. Puis je suis redescendue. Il fallait que je termine la préparation du repas. Et j'avais peur, bien sûr. Il m'a alors ordonné d'aller acheter des bouteilles. Sa voix était celle d'un homme saoul. Il titubait presque. Je n'ai pas pu me retenir : je lui ai demandé pourquoi il avait frappé la petite. Il m'a répondu d'un air entendu, comme s'il était agacé d'avoir à s'expliquer, qu'elle avait « mal parlé » à notre amie. Et j'ai vu dans ses yeux que je n'avais pas intérêt à le contredire. Il fallait que j'aille chercher de l'alcool et il n'y avait rien d'autre à ajouter.

Séphora m'a suppliée de l'emmener avec elle mais « il » s'y est opposé. Et pour couper court à la discussion, il lui a infligé une nouvelle claque derrière la tête. Nous n'avions plus droit, ni elle, ni moi, à la parole. Que craignait-il ? Qu'elle me raconte les horreurs qu'elle venait de subir ? Qu'elle me dise ce qu'il lui avait fait simplement parce qu'elle avait eu des mots avec Fatima ? Mais que croyait-il ? Que je

219

*Acquittée*

ne savais pas déjà tout ça ? Que j'étais suffisamment stupide pour imaginer qu'il avait la main moins lourde sur les enfants que sur moi ?

Comment comprendre ce qui se passe dans la tête d'un homme violent quand il perd les pédales à ce point ?

*
* *

Il s'est remis à boire dès mon retour et la soirée n'a été qu'un long supplice. Sa rage n'a fait qu'augmenter au fur et à mesure que les heures défilaient et que son ébriété empirait. Je craignais que chacune de mes paroles, chacun de mes gestes, ne déclenche une salve de coups.

Séphora s'était endormie. Je n'avais pas osé la réveiller. J'ai baigné Josué, Saraï et Siméon puis nous avons dîné sans leur sœur aînée et sans « lui ». Il est resté scotché à son ordinateur, la souris dans une main et un verre dans l'autre. Ce dîner restera notre unique instant de calme de la journée. Les enfants se sont régalés en mangeant le hachis Parmentier que j'avais préparé avec amour et j'étais heureuse de leur apporter ce bref plaisir. Mais « il » n'a pas tardé à revenir à la charge. Tout en continuant à boire et à pianoter sur son clavier, il s'est mis à m'insulter en me reprochant d'avoir fait ceci ou de n'avoir pas fait cela. Il était de plus en plus saoul. Il criait, m'injuriait et je me taisais, bien sûr. Comme toujours. Si j'avais répondu, il m'aurait frappée. Comme toujours. Mais moins je réagissais, plus il était grossier. Les habi-

220

*Une journée « ordinaire »*

tuels « Va te faire enc… ! », « sale p… » et j'en passe. Alors que j'étais occupée à faire la vaisselle puis un peu de rangement, il a commencé à s'en prendre aux enfants, à les injurier eux aussi et à râler pour rien. Pour essayer de calmer les choses – juste pour faire baisser la pression quelques minutes – je les ai accompagnés au lit, mais il a fallu que je redescende vite car Kévin était de retour. Je l'ai trouvé en compagnie de Médhi, nous avons échangé quelques mots puis les garçons sont allés prendre une douche et sont montés se coucher. J'imagine qu'ils n'avaient aucune envie de s'éterniser au rez-de-chaussée. Il ne peut pas leur avoir échappé que l'ambiance était plus électrique que jamais : je m'affairais dans la maison, le visage dévasté par l'angoisse, tandis que « l'autre » continuait à picoler dans un fauteuil en déblatérant ses horreurs.

Séphora s'est réveillée aux alentours de 22 h 30. Elle a descendu l'escalier à pas de loup et a vu qu'« il » s'était endormi, signe qu'il était complètement saoul – il faisait peine à voir, inerte et imbibé d'alcool. Signe, aussi, qu'il pouvait se passer quelque chose à tout moment. Quand il était ainsi, loque humaine, la moindre contrariété pouvait le mettre dans tous ses états.

J'ai pris la petite dans mes bras et je lui ai proposé de lui faire réchauffer le reste de hachis. « Il est délicieux, tu vas voir… », lui ai-je dit histoire de parler d'autre chose et d'alléger nos cœurs. Mais elle n'avait pas d'appétit. Elle avait besoin d'un câlin.

*Acquittée*

Je m'inquiétais pour sa migraine. Je la serrais fort. J'avais envie de hurler, d'appeler au secours pour que quelqu'un vienne nous sortir de là, mais j'étais tellement épuisée et découragée que je n'avais plus la force de rien. Alors je puisai dans mes dernières réserves d'énergie pour me convaincre qu'il fallait être patiente encore quelques jours, quelques semaines, et que bientôt, peut-être, nous pourrions mettre le « plan » à exécution et que tout cela serait fini… Mais que c'était dur ! Que c'était pénible ! Que de souffrances !

Après un long moment où nous sommes restées blotties l'une contre l'autre, Séphora m'a demandé de l'aider à faire ses devoirs. Cette enfant est incroyable. Il était plus de 23 h 30, elle avait été violemment battue par son père et elle pensait encore à faire ses devoirs ! « Nous verrons cela plus tard, ma chérie », lui ai-je répondu. Mais elle a insisté et nous nous sommes retrouvées toutes les deux, en pleine nuit, à faire des divisions. Elle avait pourtant mal à la tête et je voyais à ses yeux rougis qu'elle était accablée de fatigue. Il était déjà très tard. Elle résistait. Je lui ai plusieurs fois proposé d'aller se coucher mais elle a repoussé ce moment autant qu'elle l'a pu. « Dors dans le lit de maman, ça ira », lui disais-je en essayant de comprendre pourquoi elle luttait à ce point…

Aujourd'hui je crois savoir. Je suis même persuadée qu'elle pressentait qu'un drame allait se produire. Les enfants « sentent » ces choses-là, j'en suis convaincue. Je revois son visage. Elle était inquiète et apeurée. Pour moi, elle « savait ».

*Une journée « ordinaire »*

*
* *

2 heures du matin, cette même nuit. Je ne suis toujours pas couchée. J'ai finalement réussi à endormir Séphora, j'ai enfilé une chemise de nuit et je suis redescendue pour faire un peu de ménage et plier du linge. Il fallait que je m'occupe l'esprit, Je n'étais pas bien. Je ne pouvais pas rester seule, dans mon lit, avec mes questions, mes tourments et mes peurs. Je ne pouvais plus.

« Il » se réveille. Il a les yeux bouffis et les lèvres pâteuses. Il s'extrait de son fauteuil et sort fumer une cigarette. J'en profite pour monter Siméon dans sa chambre puis je m'installe dans le canapé. Et j'attends qu'« il » revienne. Je tremble de tout mon corps. J'en ai presque le souffle coupé. Mais le voilà ! Il s'assoit à côté de moi. Il faut que je me lance. C'est maintenant. Les enfants sont couchés et les occasions comme celle-ci sont rares. J'y vais : « J'ai quelque chose à te dire… Il faut qu'on discute. » Je n'en peux plus de toutes ces souffrances, j'ai besoin de cette explication. Et je la redoute, bien sûr. Je ne sais pas comment m'y prendre pour lui parler, comment lui dire ce que j'ai à lui dire. Il a un sourire moqueur qui pourrait signifier : « Qu'est-ce qui lui prend maintenant, à celle-là ? » Je bégaie. Je ne trouve pas mes mots. Alors je me lève et me dirige vers la cuisine. J'agis d'instinct. Il faut que je reprenne de l'assurance et du souffle. Mais il me suit, il est sur mes talons. Nous entrons dans la cuisine. Je fais le tour de la table pour mettre une

223

*Acquittée*

distance – un obstacle même – entre lui et moi. J'ai peur. Il s'énerve : « Alors vas-y, je t'écoute, qu'est-ce que t'as à me dire ? » Le ton est menaçant. Mais il faut que je domine ma peur. Quelque chose me dit que c'est ce soir ou jamais : je veux qu'il sache que je n'en peux plus de souffrir ; que je suis à bout ; que les enfants sont malheureux ; que nous ne voulons plus de lui ; qu'il est injuste ; qu'il est malade… Je veux qu'il m'explique pourquoi il se comporte ainsi, s'il y prend du plaisir, s'il se rend compte du mal qu'il nous fait, si…

Mais trop de peurs me paralysent. Je ne sais pas par où commencer, et, dans mon trouble, la première question qui sort de ma bouche est d'une incongruité totale vu tout ce que j'ai de crucial à lui dire : je lui demande s'il est gay. Avec ce que j'ai vu sur son ordinateur, les sites Internet auxquels il s'est inscrit, ce que j'ai entendu dire sur lui, les attouchements… Il nie, évidemment. Il n'assume rien. Il se moque de moi. Ne veut pas discuter : « C'est ton père qui est gay ! Ton frère aussi ! » Je sens le monstre se réveiller en lui. Mais j'insiste. Oui, cette fois j'insiste. Je lui réponds, je l'invective. Il est de plus en plus excité : « Ta famille et toi vous allez tous crever de toute façon ! », hurle-t-il. « Vous êtes une race à exterminer ! », continue-t-il en m'attrapant. Je me défends, me débats et lui dis que s'il ne veut pas assumer, j'irai voir un avocat : « Je demanderai le divorce ! » Je suis en sueur. Mon cœur s'emballe. Je ne tiens pas en place. Et je jure que je vais porter plainte « pour la violence que je subis et que les enfants subissent également ».

*Une journée « ordinaire »*

C'est la menace de trop. Il explose et se jette sur moi. Il me donne des gifles, de très fortes gifles, et m'agrippe au niveau de la gorge. J'attrape son poignet pour l'empêcher de serrer mais il me mord la main droite et m'étrangle. D'une main il me serre le cou et de l'autre il me frappe. C'est une furie. Il veut me tuer ! Cette fois il va le faire ! Je ne sais pas comment on appelle ce que je ressens à ce moment-là, ce n'est même plus de la terreur…

Il me tabasse encore et, lors d'une gifle, ma tête bascule sur la gauche. Mon regarde tombe sur un couteau posé sur la table parmi les restes de vaisselle que je n'ai pas eu le temps de ranger. Je ne réfléchis plus. Je suis terrifiée. Je ne veux pas mourir. Il me fait horriblement mal en m'étranglant. Je suffoque. Je me sens partir… Je saisis le couteau, je ferme les yeux et, d'un geste brusque, je frappe.

Une fois, une seule.

Je vois du sang gicler à l'arrière de sa tête. Il vacille. Je détourne le regard. Je ne peux pas voir ça ! Et il tombe. Presque immédiatement. Il est là, dans son tee-shirt vert et son jean marron, allongé au sol, inerte, et une flaque rouge grandit autour de son visage. Il est mort.

*<br>* *

Je suis totalement paniquée. Hébétée. Je perds la raison. Je ne suis plus maîtresse de moi-même. Machinalement, presque mécaniquement, je monte en direction des étages où se trouvent les enfants.

*Acquittée*

Médhi et Kévin sont dans la chambre qu'ils partagent depuis plusieurs jours au premier, juste à gauche de l'escalier. Dans la chambre d'en face, la nôtre, dorment Siméon et Séphora. Au deuxième, il y a Saraï, seule dans la chambre qu'elle partage habituellement avec Séphora. Je ne veux pas qu'ils descendent et qu'ils voient leur père ainsi. Qu'ai-je fait ? Quelle horreur ai-je commise ? Je me sens perdue. Totalement perdue. Je pleure et je crie. C'est Médhi qui apparaît le premier dans le couloir, puis Kévin juste derrière lui. Je ne sais quoi dire, ni même où porter mon regard. J'entends Séphora sortir de notre chambre. « Que se passe-t-il maman ? » Je suis glacée. Je lui dis de ne pas s'inquiéter et d'aller se coucher. Je me tourne vers les garçons : « Je me suis disputée avec lui… Il m'a battue… J'ai fait quelque chose de grave… » Je suffoque. Médhi me contourne et se précipite au rez-de-chaussée. Je pleure. Je vais m'évanouir. Je m'assois dans l'escalier. Médhi revient aussitôt. « Mais qu'est-ce que tu as fait ? » Il crie à son tour. Lui aussi est paniqué. Il se tourne vers Kévin : « Elle l'a tué… »

Le regard de Kévin se fige dans le vide. Je le supplie de ne pas descendre. Il faut appeler la police. Qui ? Comment ? Que dire ? Comment avoir ce courage, cette force ? Les garçons me retiennent : « Tu vas aller en prison ! » Ils me font asseoir sur un lit dans leur chambre. Je me sens défaillir. Qu'ai-je fait ? Qu'ai-je fait ? Kévin et Médhi sont à mes côtés, mais que peuvent-ils pour moi ?

*Une journée « ordinaire »*

Les minutes s'écoulent, interminables. Il faut agir. Je crie : « J'appelle mon père ! » Il est près de 4 heures du matin. Je compose le numéro de son téléphone fixe qui sonne dans le vide. Il faut que je le joigne ! J'essaie sur son portable. Il décroche. Je sanglote : « Papa, viens vite, il s'est passé quelque chose avec Marcelino… » Il me demande si j'ai été battue. « Oui, oui, viens vite, viens vite. » Il comprend que la situation est grave. Il veut des détails. Une seule phrase sort de ma bouche : « Viens vite, viens vite s'il te plaît ! »

Que vais-je devenir ?


4 h 25 : j'entends mon père arriver. C'est sa voiture, oui. Je lui ouvre la porte. Il est nerveux, agité. Il entre en trombe dans la maison. Je veux lui expliquer mais il « le » cherche. Il veut en découdre. Je dis : « Dans la cuisine… » Il se précipite dans le couloir, franchit la première porte à droite. Je le suis. Il pousse un cri et a un mouvement de recul en voyant le corps de Marcelo. « Qu'as-tu fait ? », hurle-t-il. J'essaie de lui expliquer. Il me mitraille de questions, je parle entre mes soubresauts et mes sanglots : « Il m'a battue. Il a menacé de me tuer. Il avait encore bu. J'ai voulu me défendre… – Que fais-tu avec ce couteau dans la main ? », me demande-t-il. Je m'aperçois que je n'ai toujours pas lâché ce que l'avocat général a appelé « cet objet du destin » ! Je ne sais pas pourquoi. Je ne m'en suis pas rendu compte. Je ne suis plus maîtresse de mon corps. Mon père me prend dans ses bras, me serre contre lui. Il dit : « On avait tout

*Acquittée*

prévu pour vous mettre à l'abri, toi et les enfants… »
J'éructe entre mes sanglots : « Je ne voulais pas… Il
m'étranglait… Il allait me tuer… »

Mon père saisit son téléphone. Il appelle sa
compagne Marie-Paule, essaie de joindre ma sœur,
appelle mon frère et même un de ses collègues et
ami. À chacun il explique ce qui s'est passé. Je ne
comprends pas et ne cherche pas à comprendre. Je
n'ai plus de force. Je ne sais plus quoi faire. Je voudrais tout effacer.

Ils arrivent les uns après les autres. Entrent et
voient le corps. Mon père leur parle. Certains
ressortent, d'autres restent dans la maison. Ma
sœur Valérie se tient auprès de moi et tente de me
réconforter. Ça palabre dans tous les coins. Je suis
comme absente. Je ne maîtrise plus rien. J'entends :
« La police est prévenue, ils viennent. » Les minutes
me paraissent interminables. Mon frère et ma sœur
me disent que je ne peux pas rester en chemise de
nuit. Docilement, je vais m'habiller. À l'étage, mon
cœur s'arrête. Les enfants sont là. Que dois-je leur
dire ? Je ne peux pas parler. Il n'y a pas de mots
pour ces moments-là – et parfois des silences disent
plus que beaucoup de paroles. Ma sœur essaie de
les rassurer. Je les embrasse. Je les serre contre moi
parce que je pressens déjà que je ne pourrai plus le
faire avant longtemps. Seul Siméon, mon petit dernier, mon bébé, dort encore. Je ne le réveille pas. Je

*Une journée « ordinaire »*

lui fais un bisou. Je l'admire. Je pleure. Mais il faut que je descende. La patrouille est là.

Nous sortons tous. Des policiers me prennent en charge. Devant la maison, ils me posent des tas de questions. Ils m'interrogent sur un ton neutre, ni agressif, ni suspect, ni compatissant. Ce sont des machines. Ils veulent savoir ce qui s'est passé et comment, qui je suis, qui est la personne morte, son prénom, son nom… Et j'entends : « On le connaît, celui-là. »

Ils sont une dizaine. Je comprends qu'il y a deux chefs, deux inspecteurs, parmi eux. Ceux-là veulent me rassurer. Ils me disent que je ne prendrai « pas lourd » quand viendra l'heure du verdict. Mais j'entends aussi, dans les échanges des uns et des autres, un mot terrible : prison.

Je ne sais plus qui croire. Je suis perdue. Il est 5 heures du matin et il y a foule devant ma maison. Les policiers me menottent. Ils me disent : « Désolé, mais on est obligés… » Mon frère et ma sœur me prennent dans leurs bras. Mon frère lâche : « Cette pourriture ne te fera plus de mal. » Je demande à faire un dernier câlin aux enfants. Les policiers refusent. Il faut partir.

Ils me font entrer à l'arrière d'une voiture. Je suis en larmes. Ils me parlent : « Ça va aller, ne vous en faites pas. » J'écoute mais ne réponds pas. Au fond, je sais déjà que je vais être envoyée derrière les barreaux. J'ai tué un homme et je n'ignore pas que, quelles que soient les circonstances, c'est un fait d'une extrême gravité.

Je ne peux pas revenir en arrière. Je regrette de l'avoir tué. Je ne voulais pas le tuer. Mais je ne peux

*Acquittée*

m'empêcher de penser, dès ce soir-là, que désormais il ne me frappera plus.

*
* *

Commissariat de police de Douai. On me fouille puis deux policiers m'accompagnent dans une cellule au rez-de-chaussée. Il n'y a pas de garde. Je ne parle pas. C'est froid. Puant. Il y a d'autres cellules, une dizaine, et au centre des toilettes à la turque dont je sens l'odeur immonde. J'entends des types qui râlent dans les cellules voisines, un autre qui hurle qu'il veut sortir. Ce sont des poivrots. Je suis seule. Je me dis qu'une mère de famille n'a rien à faire là. Je sais que j'ai fait une « bêtise » mais…

Il doit être déjà autour de 6-7 heures du matin. Je n'ai plus aucun repère. Je suis sur un banc en béton, en simple pantacourt et tee-shirt. J'ai froid. J'ai mal à la tête. J'ose à peine saisir la couverture qui se trouve à côté de moi tellement elle est crasseuse. Que vont-ils faire de moi ? Qu'attendent-ils ? On ne m'a rien dit. Je suis comme une bête, pire qu'un chien en cage. C'est l'horreur.

Un médecin se présente pour « voir mon état général ». Je lui dis que je suis migraineuse. Il le note mais ne me donne rien pour me soulager. Et il repart. Je m'allonge et essaie de me reposer. Je suis épuisée. Je me demande ce qui va m'arriver. Est-ce que je vais ressortir un jour ? Est-ce que je serai vieille ? Est-ce que mes enfants auront déjà des enfants à ce moment-là ? C'est à eux que je

*Une journée « ordinaire »*

pense, surtout. Je me demande ce qu'ils font. Je ne sais rien. On ne m'a rien dit. Il y a un type qu'on amène. Une histoire de bagarre. Ça me réveille. Je m'étais endormie… Je ne sais pas combien de temps s'écoule. Je n'ai pas de montre. Mais chaque minute me paraît interminable.

*
* *

Le 19 juin à 9 h 30, je suis entendue pour la première fois dans les locaux de la brigade criminelle de Douai. Ils sont deux. Deux hommes. On est venu me chercher et on m'a posée là, face à eux, dans leur bureau froid de policiers. Je suis assise sur une chaise. Ils me demandent qui je suis, quelle a été ma vie, quand je me suis mariée, ma situation de famille. Puis commence l'interrogatoire à proprement parler. Qu'avez-vous fait le matin des faits ? Pourquoi ? À quelle heure ? Comment ? Et avant ? Et après ? Il avait bu combien de verres ? Qui est Kévin ? Pourquoi vos voisins sont-ils partis ? À quelle heure précisément ? Votre fille Séphora était-elle déjà remontée ? Et ensuite ?…

Je ne peux pas répondre à toutes ces questions ! Ils me demandent des détails sur tout, mais je ne tiens pas un planning précis de ma journée ! Il faudrait que je me souvienne, minute par minute ! J'essaie de me concentrer sur les questions qu'ils me posent, mais ma tête est trop pleine. Je pense à mes enfants, à ce que je vais devenir. Je voudrais leur apporter des réponses, mais je ne sais pas, j'hésite, j'ai des

*Acquittée*

absences, des trous de mémoire… Je suis éreintée. J'ai l'impression qu'ils ne me croient pas et que les raisons pour lesquelles j'en suis arrivée à ce geste fatal ne les intéressent pas. Je ne leur demande pas d'être « gentils » avec moi, mais au moins d'essayer d'être compréhensifs. Je ne peux m'empêcher de pleurer et ça n'a pas l'air de les émouvoir. J'ai le sentiment qu'à leurs yeux je ne suis qu'une meurtrière. Ils se focalisent sur les faits, rien que les faits.

C'est le récit de la soirée qui est le plus dur. Mes réponses ne leur suffisent jamais. Alors j'essaie de m'appliquer et d'être la plus précise possible, malgré la scène d'horreur que cela m'oblige à revivre : oui, je l'ai tué. C'était dans la cuisine. Il m'a frappée. Il a voulu m'étrangler. Il a voulu me tuer. Je me suis défendue. J'ai vu le couteau. J'ai fait comme ça. Il est tombé… Mais ils veulent toujours plus de détails, me posent des questions qui me paraissent dérisoires. (Était-il à cinquante centimètres ou à un mètre de vous ? Vous le regardiez à ce moment-là ? Il vous tenait au cou ou à la gorge ? Etc.)

En fait, j'en suis persuadée aujourd'hui, ils se doutent déjà d'une chose : j'ai menti sur un point. Un élément essentiel.

J'ai expliqué que mon mari, pendant qu'il m'étranglait, a saisi un couteau. J'ai précisé que c'est à ce moment-là que j'ai pris peur, que j'ai pensé qu'il allait me tuer et que le hasard a voulu que j'aperçoive un autre couteau sur la table de la cuisine. Les policiers me demandent si je suis certaine que les choses se sont vraiment passées ainsi. Je répète que mon mari a empoigné ce couteau et m'a menacée

*Une journée « ordinaire »*

avec. Ils me demandent quel type de couteau, où il l'a trouvé, comment il s'en est saisi. J'ai l'impression qu'ils sont contre moi. Ils entrent et sortent du bureau en claquant la porte pour me faire sursauter et me déstabiliser. Chaque claquement réveille ma migraine. Je m'efforce de bien raconter, malgré tout, et je donne le plus de détails possibles, mais je suis mal à l'aise avec ce mensonge. Je sais déjà que tôt ou tard ils découvriront la vérité. Ils ne sont pas dupes. Je le sens.

Je ne « lâche » pourtant rien et, au bout de deux heures d'interrogatoire, ils me renvoient dans ma cellule. Je suis de nouveau seule avec, désormais, en plus de tous mes tourments, le poids d'un mensonge. J'ai une boule au ventre, mon crâne va exploser. Je ne comprends pas ce qu'ils vont faire de moi ni ce qu'ils attendent pour me sortir de cette cellule. Je me sens sale. J'ai envie de prendre une douche. J'ai envie de dormir. Je n'ai de nouvelles de personne. J'ai soif. Il faut que cela se termine.

C'est aux enfants que je pense. Que va-t-il leur arriver quand je serai en prison ? J'espère qu'ils ne vont pas être séparés. Je demande à donner un coup de téléphone pour prendre de leurs nouvelles mais on me le refuse. Un garde m'apporte un repas – un poulet basquaise en barquette à l'allure effrayante – et ressort sans dire un mot. Je parviens à avaler quelques bouchées, seule assise sur mon banc de béton, pour me caler l'estomac, mais c'est infect. Un policier m'appelle soudain et me

233

*Acquittée*

conduit dans un petit bureau sombre. Un homme est là. Il a l'air doux. Il est psychologue. Il veut connaître ma vie, tout, de A à Z, en l'espace d'une heure. Il m'interroge aussi sur les faits. Je n'en peux déjà plus de raconter cette histoire sordide qui est la mienne. Je dois faire des raccourcis, passer d'une étape à une autre, balayer douze années de cauchemar en quelques minutes... et déjà c'est terminé. Retour à la cellule. Nouvelle attente. Puis c'est une femme qui vient me « rendre visite ». Une femme frêle qui tient une robe noire dans une main et un maigre dossier dans l'autre. Elle se présente à moi et m'annonce qu'elle sera mon avocate. Je ne comprends pas bien ce qu'elle me raconte, ses mots sont du charabia, mais sa présence me rassure. Enfin quelqu'un pour me défendre. Je ne suis pas une simple meurtrière. Mais elle reste à peine dix minutes et s'en va en me disant que l'on se reverra...

*
* *

14 h 30. Deuxième interrogatoire, mené par mes deux interlocuteurs du matin. Et cette fois ils vont droit au but. Ils reviennent à la charge sur les fameux couteaux. Ils me (re)posent des questions, beaucoup de questions. J'essaie de tenir le choc mais je comprends bien qu'ils veulent me faire craquer.

— Quand vous êtes arrivée dans la cuisine, où se trouvaient les couteaux ?

— Ils étaient sur la table...

*Une journée « ordinaire »*

— Pourquoi étaient-ils sur la table alors que vous nous avez déclaré que vous aviez fait la vaisselle plus tôt dans la soirée ?

— Je n'avais sans doute pas terminé la vaisselle, parce que j'avais plusieurs choses à faire en même temps, je ne me souviens plus...

— Mais alors pourquoi avoir laissé des couteaux devant lui, à sa vue, alors que vous nous avez dit que vous redoutiez une réaction violente de sa part ?

— Je ne sais pas, je n'y ai pas pensé. Mais de toute façon, que les couteaux soient sur la table ou non, s'il avait voulu en prendre un et me planter, il aurait trouvé un couteau. Il savait très bien où ils étaient...

Je m'interromps et demande à ce qu'on arrête de claquer les portes. Un policier me répond que je ne suis pas dans un salon de thé. Je suis en colère. Que veulent-ils de plus ? Je me suis laissé arrêter ! Je n'ai pas fui avant l'arrivée de la patrouille alors que j'aurais pu le faire ! Et je reconnais les faits ! J'avoue, oui, j'ai commis ce crime. Pourquoi m'ennuient-ils avec cette histoire de couteaux ?


Ils sont malins. Ils font diversion. Ils me parlent de ma vie, des violences, des enfants, de nos déménagements... puis se remettent à l'ouvrage.

— Vous avez déclaré que votre mari avait le couteau dans la main droite et que de la main gauche il vous avait attrapée à la gorge. Est-ce exact et comment cela s'est-il produit ?

*Acquittée*

– Oui, c'est ça. Il m'a attrapée au niveau de la gorge qu'il a serrée entre son pouce et son index de la main gauche.

– Que faisait-il avec le couteau à ce moment-là ?

– Il le tenait dans sa main droite mais je ne sais pas comment il le tenait et ce qu'il faisait avec… En tout cas il a dit qu'il allait me crever !

– Vous avez déclaré que lorsque votre mari vous a mordu, vous aviez la main gauche à hauteur de votre poitrine pour éviter le couteau, c'est bien ça ?

– Il avait son bras qui tenait le couteau en l'air. Il me semble qu'il tenait le couteau avec son poing fermé et la lame du côté du pouce.

– Comment aurait-il pu vous frapper au niveau de la poitrine en tenant le couteau de cette manière et en levant le bras ?

J'hésite une première fois.

– Finalement je ne sais plus comment il tenait le couteau. Ça s'est passé tellement vite…

– Selon vos déclarations, votre mari vous aurait mis deux ou trois baffes à ce moment-là. Est-ce comme cela que ça s'est passé ?

– Oui, c'est ça…

– Mais comment a-t-il fait pour vous mettre des gifles en vous tenant d'une main au cou et en tenant de l'autre un couteau ?

– Je ne sais pas… Il a dû retirer sa main de ma gorge et il m'a frappée…

– C'est donc à ce moment-là que vous le frappez avec le couteau, comme vous nous l'avez dit ce matin ?

– Oui c'est cela…

236

*Une journée « ordinaire »*

— À quel endroit se trouvait le couteau que tenait votre mari au moment où vous l'avez frappé ?

Je pleure de plus en plus et je tremble.

— Je ne sais plus… Je ne peux pas dire si son bras était en bas ou en l'air…

Le policier marque une pause, cherche dans un dossier posé sur son bureau et me dit :

— Je vais vous présenter des clichés photographiques. On y aperçoit deux couteaux : un sur la table et un au sol…

Il me tend les images. Ce sont les photos prises par les enquêteurs à leur arrivée. J'aperçois le corps de l'homme que j'ai tué gisant sur le sol. Ils ne m'épargnent rien. Ils pointent du doigt les deux couteaux photographiés :

— Lequel a-t-il pris ?

Je ne veux pas voir ça. Je tourne la tête. Mais il insiste :

— Comment expliquez-vous que le couteau de votre mari n'ai pas reçu de projection de sang ?

Il me prend à défaut… Je suis coincée… Je ferme les yeux et reprend mon souffle.

— Je vais vous expliquer ce qui s'est vraiment passé. Tout ce que je vous ai dit est vrai. On a bien eu une dispute mon mari et moi cette nuit-là. Il a cherché un couteau sur le plateau où je fais la vaisselle mais il n'en a pas trouvé. Il m'a bien sauté dessus, il m'a bien mordue, il m'a bien étranglée comme je vous l'ai dit. Dans la panique et la peur, parce que je croyais vraiment que j'allais mourir, j'ai saisi un couteau et j'ai frappé. Mais voilà, lui n'avait pas de couteau… La chose sur laquelle je

*Acquittée*

vous ai menti c'est qu'au moment des faits, mon mari n'avait pas de couteau dans les mains... Le couteau que vous avez trouvé au sol à côté de lui, c'est moi qui l'ai mis, un peu avant l'arrivée de mon père. Je l'ai appelé pour qu'il vienne et c'est à ce moment-là que j'ai pensé qu'en mettant un couteau à côté de mon mari et en disant qu'il m'avait menacée avec, ça me couvrirait. J'ai pensé que les choses seraient moins graves s'il avait un couteau entre les mains...

Je n'en peux plus de pleurer. Il faut que je respire. Cela ne s'est pas passé exactement comme je l'ai raconté, c'est vrai, mais cela aurait pu, c'est du pareil au même ! C'est un mensonge, d'accord, mais il ne change rien à la réalité de ma situation. J'ai ma conscience pour moi. Je voulais juste créer ma propre preuve de la légitime défense pour que les choses soient évidentes. C'est un mensonge, je l'admets, mais c'est un mensonge pour rétablir la vérité !

Je marque une pause et enfin je dis :

– Je suis allée chercher un couteau dans le tiroir d'un meuble de la salle à manger. Ensuite je suis revenue dans la cuisine. J'ai mis le couteau dans la main de mon mari et j'ai essayé de le refermer dessus, mais ça ne tenait pas. Le couteau a glissé de sa main et j'ai fini par le laisser par terre près de la main...

Je me sens soulagée et j'ai peur à la fois. D'abord, je sais que le fait d'avoir menti à un policier n'arrangera pas mon cas et que cela pourra être retenu contre moi, mais en plus, je n'ai pas encore dit toute la vérité. Et je vois bien dans leurs regards qu'ils s'en doutent. Alors ils me mettent encore la pression.

— Votre père a été convoqué par nos soins et est actuellement en train d'être interrogé, m'explique l'un d'eux. Ensuite, nous procéderons à ce qu'on appelle une confrontation, c'est-à-dire que nous vous verrons ensemble, lui et vous.

Il laisse passer un silence. Et c'est moi qui reprends.

— Attendez… En fait, ce n'est pas moi seule qui ai pensé à mettre le couteau dans la main de mon mari. Ça ne m'était pas encore venu à l'esprit quand mon père est arrivé chez moi. C'est quand je lui ai expliqué ce qui s'était passé, quand nous en avons discuté tous les deux, qu'il a eu l'idée de mettre le couteau dans les mains de mon mari. Il m'a dit que s'il était flagrant que mon mari m'avait agressée avec un couteau, les choses seraient moins graves pour moi. Et comme je n'avais pas le courage de le faire, c'est mon père qui a pris un couteau et qui est allé le placer là où vous l'avez trouvé…

*

\* \*

En déformant la réalité, j'ai voulu protéger mon père. Je lui devais bien cela après ce qu'il avait fait pour tenter de me sauver. Je préférais endosser la responsabilité de tout. Je ne voulais pas qu'il aille en prison lui aussi. Je ne voulais pas lui infliger ça. Une personne, cela suffisait, non ?

*Acquittée*

Je n'ai plus jamais menti. Ni devant les enquêteurs, ni devant la juge d'instruction, ni au procès. Mon père, lui, n'a jamais fui ses responsabilités. Il a immédiatement reconnu qu'il avait lui-même et de sa propre initiative « modifié la scène de crime ». Il n'a eu de cesse d'expliquer son geste en disant qu'il voulait me protéger. Quitte à en payer le prix fort.

Je ne lui en serai jamais assez reconnaissante. Il m'a toujours soutenue. Il a toujours été là. Je n'oublierai jamais le regard que nous avons échangé à l'issue de la confrontation. C'était le regard d'un père qui promet à sa fille qu'il ne l'abandonnera pas. Je n'étais plus qu'un pantin désarticulé que l'on trimballe et qui n'est plus maître de son destin, mais il m'a donné la force de tenir. Pour lui et pour mes enfants.

\*
\* \*

Après un nouveau passage par la cellule du commissariat et un détour par l'hôpital de Douai où un médecin était chargé de faire l'inventaire de mes blessures (traces sur le cou, bleus sur les tibias, hématome sur le bras, cicatrices, etc.), un policier est venu m'extraire de ma cage en m'interpellant : « Alexandra Lange, transfert au tribunal chez madame le juge. » Un de ses collègues s'apprêtait à me mettre les menottes. J'ai protesté : « Où voulez-vous que j'aille ? J'ai une migraine carabinée, j'ai faim, j'ai soif, je veux voir mes enfants... Vous êtes costaud, je ne ferais pas le poids... » J'étais à

*Une journée « ordinaire »*

bout mais prête à être jugée. Je voulais m'expliquer et que l'on me comprenne. Que je sois condamnée et que j'aille en prison était une chose – que j'avais déjà assimilée je crois – mais je voulais maintenant que l'on respecte ma dignité. Cet agent m'a tout de même menottée, et m'a poussée à l'arrière d'une voiture. Cet homme était particulièrement agressif et, dans sa bouche, un mot m'a profondément blessé. Il a dit « meurtrière ».

J'ai été présentée à la juge d'instruction. Ça a duré à peine une demi-heure, dans un vaste bureau. Il y avait là une greffière, deux policiers devant la porte, l'avocate qui m'avait été attribuée. La juge a conclu d'un ton sec : « Je vous informe que, pour les faits qui vous sont reprochés, vous êtes mise en examen pour "homicide sur conjoint" et... »

J'ai encore fondu en larmes, je me suis recroquevillée sur moi-même et me suis agrippée à mes propres mains comme si c'était le dernier recours pour ne pas sombrer dans le néant. Puis j'ai su, en entendant les dernières paroles de la juge sans pourtant véritablement les comprendre, que l'on m'emmenait directement en prison.

## – 8 –

## Après le cauchemar

Gyrophare allumé et sirène hurlante, le véhicule file à vive allure sur l'autoroute. Direction Valenciennes. Je suis assise à l'arrière, les mains menottées posées sur mes cuisses et encadrée par deux policiers. Plus les kilomètres défilent et plus je suis prise d'une confusion de sentiments étrange, un mélange d'anxiété et de soulagement, de stress et d'apaisement. Une « nouvelle vie » s'ouvre à moi. Elle commencera derrière des barreaux. Je m'interroge : Pour combien de temps ? À quoi ressemble la vie en détention ? Comment sera ma cellule ? Serai-je seule ? Je pense aussi : une page se tourne. Fini le cauchemar. Je vais pouvoir souffler…

À quel degré d'épuisement fallait-il que je sois parvenue, après douze années de violences conjugales, pour considérer mon arrivée en prison comme un possible répit ?

*Acquittée*

La grande et lourde porte de la maison d'arrêt de Valenciennes s'ouvre lentement. Tout est calme. La voiture entre dans la cour. Mes « gardes du corps » descendent, m'attrapent par le bras pour que je les suive et me laissent entre les mains du personnel pénitentiaire. Ils ne me manqueront pas, ceux-là. En quelques mots échangés, les nouvelles personnes à qui j'ai désormais affaire me paraissent déjà plus aimables. Un homme me demande qui je suis, pourquoi je suis là, ce que j'ai fait. Mes réponses ne déclenchent chez lui aucune réaction, mais au moins je ne perçois pas d'animosité. Il me fait entrer dans une toute petite pièce où une femme entreprend de me fouiller de la tête aux pieds. Je lui donne mes papiers et mon sac à main. Elle étale devant moi le contenu de mon porte-monnaie, ma carte d'identité, mon téléphone et les babioles que j'y ai accumulées. Il n'y a rien dans mes poches. Deux autres matons prennent le relais. Ils sont plus bavards. Je comprends qu'il n'y a pas de chefs. C'est le week-end. L'un d'eux me demande de retirer mon soutien-gorge – « Mesure de sécurité, madame » –, ce que je fais le plus dis-crètement possible. Il l'attrape au bout de son stylo et s'exclame : « C'est un soutien-gorge, ça ? On ne croirait pas ! » J'ai une seconde d'hésitation mais je distingue aussitôt un léger sourire d'ironie au coin de ses lèvres. Ce n'était que de l'humour. Il a parlé sans grivoiserie, agitant le bout de tissu. Alors je m'apaise : après toute la tension que j'ai accumulée

*Après le cauchemar*

au cours de la garde à vue, un brin d'humanité ne me fait pas de mal.

Ils me prennent en photo – de face, de profil – puis me guident vers une petite table où je dois déposer mes empreintes de doigts. Numéro d'écrou 32105 – ce sont des choses qui ne s'oublient pas. Je suis passive, je me laisse faire. Je n'ai qu'une idée en tête : me rafraîchir et me laver. « Je vais vous accompagner au quartier des femmes », me dit l'autre maton. Nous empruntons de longs couloirs barrés de lourdes portes. Notre transhumance est rythmée de cliquetis de clés qui s'entrechoquent et du bruit sourd des portes qui se ferment. C'est interminable. Immense. Je réalise que je suis en prison. Qu'est-ce que je fais ici ? Trois jours plus tôt, j'étais une femme battue et une mère de famille qui ne voulait rien d'autre que vivre comme tout le monde.

Nous arrivons dans mon « nouveau quartier ». Une surveillante m'attend dans son réduit. Elle va s'occuper de moi, me dit-on. Son visage me rassure. Son regard est bienveillant. Mais elle me demande elle aussi pourquoi je suis là – on va finir par le savoir – et m'invite à me dévêtir. « C'est pour la fouille… » Je m'exécute en essayant de penser à autre chose. « C'est bon, vous pouvez vous rhabiller… » Elle ouvre de grandes armoires dans lesquelles elle choisit parmi des piles de linge des sous-vêtements propres, un pyjama et une tenue complète. Puis elle me donne un nécessaire de toilette (gel douche, savon, brosse à dents), une couverture, un drap. Elle me demande si j'ai faim et me tend ce qui lui

*Acquittée*

reste de nourriture : un morceau de pain, un yaourt et deux fruits. « Suivez-moi », conclut-elle tout en saisissant une assiette, des couverts, un bol et un verre. Je comprends que je suis peut-être là pour un bon moment.

Le quartier des femmes est manifestement beaucoup moins étendu que celui des hommes. Il se limite à un couloir. La surveillante s'arrête devant une porte, jette un coup d'œil dans l'œilleton, ouvre et me fait entrer. Deux femmes sont là, allongées sur des lits superposés à ma gauche. Celle qui se trouve en bas est un tout petit bout de jeune fille. Elle dort quasiment et articule avec difficulté un « salut » qui me met mal à l'aise. Elle a un air ahuri. Je connais ces symptômes : elle est assommée de cachets. L'autre est allongée sur le lit du dessus. Elle me fait meilleure impression. Ses mots de bienvenue sont plus francs.

La cellule me paraît minuscule. Mes yeux s'affolent et passent d'un élément à l'autre de la pièce : à ma droite, deux lits semblables à ceux sur lesquels sont mes nouvelles « colocataires ». En face de moi, un cinquième couchage encadré de deux fenêtres. Sous celle de gauche, une table et quatre chaises. Et encore à gauche, une ouverture qui donne sur une « salle d'eau ». Là, derrière des portes battantes façon saloon, je distingue un évier usé par le temps, des WC, un grand radiateur sur toute la hauteur du mur et quelques étagères en béton sur lesquelles reposent un peu de vaisselle et

246

*Après le cauchemar*

des vêtements. Et puis, en me retournant, j'aperçois enfin le seul confort de l'endroit : un vieux
poste de télévision posé sur une planche, juste au-
dessus de la porte.

\*

\* \*

Ma première soirée en détention a été courte.
« Moi c'est Élodie », a commencé celle qui se trouvait sur le lit du dessus. Je me suis présentée à mon
tour et elle a poursuivi : « T'es là pour quoi ? » Alors
j'ai répondu, encore, mais je ne lui ai pas renvoyé la
question. Je n'avais pas besoin de savoir, cela m'était
totalement égal et je n'avais surtout pas envie de
parler de ces choses-là.

« J'aimerais me laver… », ai-je enchaîné. Élodie
m'a proposé sa bassine et sa bouilloire. « Tu peux
la prendre et te faire chauffer de l'eau, m'a-t-elle
gentiment proposé. Il n'y a que de l'eau froide au
lavabo. » Mais j'ai décliné. Je ne voulais pas déran-
ger à peine arrivée. Je rêvais d'une douche. « Elles
sont à l'extérieur, m'a dit ma codétenue. On pourra
y aller demain. » Je me suis rafraîchie dans la petite
salle d'eau – quel bonheur de se sentir propre
après deux jours de garde à vue ! – et j'ai enfilé la
vieille chemise de nuit que la surveillante m'avait
attribuée. Je n'étais pas belle à voir. J'ai mangé une
banane et un yaourt mais, bien que je n'eusse quasiment rien avalé depuis quarante-huit heures, je
n'avais pas faim. Puis Élodie, bonne pâte, m'a fait
la conversation. Elle m'a présenté l'organisation

*Acquittée*

de notre quartier : « Nous sommes en général une trentaine de détenues. Mais tu verras, il y a beaucoup d'allées et venues. Le couloir commence par six cellules, ensuite tu as une pièce avec les douches individuelles, une buanderie avec machine à laver et sèche-linge, puis le quartier disciplinaire en cas de "connerie", et enfin six nouvelles cellules. Les plus grandes, c'est pour cinq. Et quand il y a un surplus, ils mettent des matelas par terre. Jusqu'à deux, donc on peut se retrouver à sept… » Je l'écoutais sans trop rien dire mais lentement je m'apaisais. Je me sentais tellement mieux qu'en garde à vue. J'ai pensé : « Plutôt des semaines ici qu'une seule nuit supplémentaire au commissariat ! » Merci Élodie.

Elle a poursuivi en m'informant des principales règles à respecter avec les matons (ne pas courir dans les coursives, se déplacer en silence, s'éloigner de la porte quand la surveillante se signale, etc.), m'a expliqué la procédure à suivre pour faire obtenir des parloirs et m'a demandé si j'avais de l'argent sur moi. Je disposais d'une centaine d'euros. Elle a noté la somme puis m'a aidée à remplir ma première « feuille de cantine » : café, sucre, déodorant, etc. Ma liste de courses de détenue, en quelque sorte.

Ensuite, elle m'a donné un coup de main pour faire mon lit et je me suis couchée. Je me sentais seule et j'ai craqué. Je me suis tournée face au mur et j'ai pleuré. Beaucoup. À grosses larmes. J'ai cherché le sommeil et j'ai bien cru, pendant des heures, ne jamais le trouver. Je revoyais la « scène » ; je ressassais l'enchaînement des événements, le coup de couteau, l'arrivée des policiers, la garde à vue ; et surtout, je n'avais pas de nouvelles de mes enfants depuis trois jours.

\*
\* \*

Fin juin 2009. Cela fait plus d'une semaine que je suis là, loin des miens. Je veux m'adresser à mes enfants. J'ai besoin, ne serait-ce que par l'imagination, de franchir ces murs de béton qui sont mon seul horizon. Avec l'aide d'Élodie, je me suis procuré un petit cahier d'écolier. « Ce sera mon journal intime de détenue », ai-je pensé. Ma façon à moi de me confier. J'ai quitté mes trésors dans les conditions les plus atroces qui soient pour une mère. En ayant à peine le temps de leur dire au revoir.

Même si je sais qu'ils ne pourront pas lire mes messages, il faut que je leur parle. C'est plus fort que moi. J'ouvre le cahier et, en haut de la première page, j'écris : « Voilà quelques jours que je ne vous ai pas vus et je ne tiens plus. C'est quand ils vous manquent énormément que l'on se rend compte à quel point les êtres vous sont chers. Je vous aime mes bébés (même vos cris me manquent !). Je m'endors sans vous. Je m'éveille sans vous. Je vis sans vous mais je garde l'espoir de vous avoir avec moi au plus vite. »

Je pleure. Je pense à mes amours. Mes quatre petits cœurs. Séphora. Josué. Saraï-Béthanie. Siméon. Ils n'ont que dix ans, neuf ans, sept ans et trois ans à peine. Ce sont des enfants innocents de tout.

*Acquittée*

Pourquoi leur arrive-t-il tant de malheurs ? Ils n'ont rien fait pour mériter cela ! Que vont-ils devenir sans moi ? Je ne peux empêcher les larmes d'envahir mes yeux quand je songe à eux. Mes trésors…

Mais voilà, je ne peux plus revenir en arrière. J'aurais mieux fait, et depuis longtemps, de les prendre sur mon dos et de les emporter loin, très loin de notre enfer. Pourquoi n'en ai-je pas eu la force ? Pourquoi n'ai-je pas eu le courage de la survie ? Pourquoi ne l'ai-je pas fait « rien que pour eux » ? Ce sont eux qui me manquent le plus. Plus que la liberté, plus que la vie dehors, plus que le confort. Je me passerais de tout cela si je pouvais les avoir auprès de moi.

Les premiers jours après le drame, ils ont été accueillis au centre hospitalier de Dechy, encadrés par des psys et des infirmières aux petits soins. Ces professionnels m'ont été décrits comme des gens formidables. Ils se sont occupés d'eux en les écoutant, en leur expliquant ce qu'il était possible de leur expliquer et en les amusant en attendant de trouver un foyer, une structure qui puisse les accueillir tous ensemble, tous les quatre, afin qu'ils grandissent entre frères et sœurs. Une gageure, dans notre pays. C'est l'association SOS villages d'enfants, à Neuville-Saint-Rémy, qui a permis ce miracle. Son but : « Offrir un lieu de vie aux orphelins et aux enfants dont la situation familiale impose un placement. » Sa spécificité : « Réunir des fratries, pour permettre aux enfants de grandir en famille. » L'association

*Après le cauchemar*

dispose de plusieurs « villages » en France. Celui de Neuville peut recevoir jusqu'à cinquante gamins et ados qui vivent au sein de dix pavillons. Chaque « maison » est gérée par une éducatrice familiale que l'on appelle une « mère SOS ». Elle est la référente de la fratrie et joue son rôle vingt-quatre heures sur vingt-quatre. Comme une maman.

Voilà ce que je sais de la situation de mes enfants quand je leur écris mes premiers mots. Je n'ai toujours pas été autorisée à leur parler de vive voix. On me dit simplement qu'ils « se sentent bien », qu'ils font des activités, qu'ils vivent le plus « normalement » possible, que les plus grands iront à l'école dès septembre... Cela m'apaise mais ne peut alléger ma peine. Je n'ai plus qu'une obsession : les voir et les serrer dans mes bras.

Le juge pour enfants m'a fait savoir que j'aurais une audience le 30 juin avec eux. Alors je compte chaque jour, chaque heure et chaque minute. Et je leur écris encore : « Il me tarde d'être au 30 pour voir vos sourires sur vos visages. Entendre vos rires. Sentir vos cœurs. Remettre mon odeur de maman sur vous. Vous serrer contre moi. Je sais qu'on ne partagera plus beaucoup de choses ensemble pendant un certain temps. Car je ne serai pas près de vous, mais au moins quand je sortirai on ne vivra plus avec les cris et les coups. Vous vivrez heureux. On vivra heureux. »

Je pleure encore. C'est trop dur. Je saute une ligne et je note, comme une dédicace, une pensée qui me vient : « À notre avenir pour une vie meilleure. » Puis : « C'est très pesant chaque jour de ne pas vous

*Acquittée*

voir ni vous sentir, faire des câlins. Quand je ferme les yeux, je revois moumoune[1] dormant dans le lit. Je lui dépose un baiser juste avant de partir… Mon cœur s'ouvre en deux, je hurle de désespoir et j'ai vraiment hâte de vous revoir. »

*
\* \*

J'ai conservé ce petit cahier. C'est bête mais je suis incapable de m'en séparer. Dans les premières pages, j'aime relire un poème que j'ai écrit à mes enfants. Je me souviens que j'avais mis des heures et des heures à le coucher sur le papier :

*Mes amours d'enfants.*
*Vous êtes mon sang, ma chair*
*Et pour moi vous êtes ce qui est de plus cher*
*Ce qu'il y a de plus beau au monde*
*Le monde qui, provisoirement, nous sépare d'une dizaine*
*de kilomètres*
*Me déchire douloureusement*
*Dans une attente profonde*
*Et qui va nous permettre de retirer les mauvaises ondes*
*De notre passé*
*Vers un avenir*
*Où je vous verrai vous épanouir*
*Vous aimant les uns les autres*
*Vous mes enfants*
*Que j'aime tendrement*

---

1. Siméon.

*Après le cauchemar*

*De part et d'autre*
*De ma vie*
*Rien n'est fini*
*Et ça ne l'oubliez jamais*

Je le relis et le relis encore. Les vers sont mal construits. Certains sont trop courts et d'autres trop longs. Les rimes sont bancales… Je m'en moque. Mon cœur parlait et c'était bien la dernière chose qu'on pouvait bâillonner.

J'écrivais dès que je le pouvais. Dès que j'avais un moment de « libre », si j'ose dire. Je changeais de couleur à chaque ligne pour que les pages soient plus gaies. Vert, rouge, bleu, noir… Je recopiais des vers de Verlaine que je venais de lire et qui me semblaient beaux :

*Je fais souvent ce rêve étrange et pénétrant*
*D'une femme inconnue, et que j'aime, et qui m'aime*
*Et qui n'est, chaque fois, ni tout à fait la même*
*Ni tout à fait une autre, et m'aime et me comprend*

J'imagine que celui-ci s'adressait à ma mère. Je me sentais tellement seule et abandonnée que la moindre tendresse, ne serait-ce que quelques mots griffonnés sur un petit cahier d'écolier, me réconfortait.

En tête de la page suivante, il est noté : « 4 juillet 2009 ». Puis, à la ligne : « Quand vous m'avez vue mardi, j'ai pleuré. Au moment du départ, mon cœur

*Acquittée*

se serrait. Je ne voulais pas partir. Ni vous quitter une fois encore. C'était comme si je vous abandonnais à nouveau. Rapprochez-vous l'un de l'autre. Je vois Séphora, je vois que tu prends ton rôle de grande sœur très à cœur. Ça m'a fait plaisir et mal en même temps, car c'est moi la mère. Et moi qui suis chargée de vous élever, de vous protéger, de prendre soin de vous. C'est dur à gérer et à digérer de voir que je ne peux pas le faire. Il est vrai qu'on va se manquer, se voir par épisodes, mais une chose est sûre, c'est qu'une fois ce cauchemar terminé, on sera réunis. On vivra heureux, sans réactions d'un père violent et inattentif face à vous et à moi. On fera encore plus de choses merveilleuses, sans "limites", avec confiance et sérénité. Mes enfants, je vous aime, vous êtes toute ma vie. Je ne me vois pas sans vous, ni vous sans moi. »

Et ce message se termine ainsi : « J'aurais voulu que vous ayez un bon père, aimant et attentif, et je suis désolée pour cela. Je le suis d'autant plus que, même si c'était un mauvais père, à cause de moi vous ne le verrez plus. Pardonnez-moi encore. »

*
* *

Quelques jours après mes retrouvailles avec les enfants, et sur les conseils de l'avocate que l'on m'avait attribuée, j'ai formulé une demande de remise en liberté. Elle m'a aussitôt été refusée. Sans hésitation ni débat. Motif : l'enquête ne faisait que commencer. Il fallait « entendre des témoins »,

*Après le cauchemar*

« vérifier la véracité des dires de madame Lange »,
« s'assurer qu'il n'y a pas eu de préméditation »…

J'ai décidé de prendre mon mal en patience. Et,
je dois le dire, je me suis « habituée » à la vie en
prison. C'est un long tunnel routinier. Tout est si
bien organisé et planifié que le temps passe, voilà
tout. On ne vit pas, non, mais on survit sans trop
souffrir. Du moins c'est ainsi que je l'ai vécu. Les
jours ordinaires, nous étions réveillées à 7 heures.
Les surveillants ouvraient la porte et jetaient un
coup d'œil panoramique dans la pièce pour « l'ins-
pection ». Ils nous demandaient de « bouger » pour
s'assurer que nous étions bien vivantes – le suicide
du détenu est une des hantises du maton – et si
l'une d'entre nous était à ce moment-là dans la salle
d'eau, elle devait se montrer, sans mot dire et sur-
le-champ, même si elle était nue. Un jour sur deux
nous avions droit à une douche, de l'autre côté du
couloir, sinon nous passions la matinée dans notre
cellule en attendant le déjeuner et, en début d'après-
midi, l'heure de la promenade dont nous pouvions
profiter pendant deux belles heures. C'était l'occasion de s'allonger sur l'herbe et de regarder le ciel
– le même ciel que celui des enfants, me disais-je.
Nous nous retrouvions à deux ou trois et nous discutions des nouvelles que nous avions de l'extérieur,
certaines restaient silencieuses, à l'écart, d'autres
étaient friandes des ragots de la maison d'arrêt, et
le temps s'accélérait (un peu). Il m'arrivait cependant de « sauter » la promenade, souvent même, et
parfois plusieurs jours d'affilée. Surtout l'hiver. Je
préférais rester au chaud. Et seule. Je profitais alors

de ce moment de tranquillité pour me reposer ou écrire. Ou rêver. À mes enfants.

Je faisais partie des détenues qui ne posent pas de problèmes. Les détenues « modèles », dit-on. À l'exception d'une fois où j'ai frôlé l'avertissement pour « insolence » (je reconnais que je m'étais un peu emballée un parlant comme à une copine à une surveillante que j'aimais bien), je n'ai pas le souvenir que l'administration ait eu quoi que ce soit à me reprocher. D'une manière générale, j'étais en prison comme dehors : discrète, obéissante et réservée.


Les heures me paraissaient moins longues les jours de formation. J'avais choisi « café-brasserie ». Enfin, « choisi »… Disons que c'était cela ou « travail pénal ». Ce travail consistait à contrôler la propreté de tout un matériel paramédical en plastique (coupelles, bassines, plateaux divers) destiné à des hôpitaux. Une activité répétitive et ennuyeuse, mais qui avait l'avantage – ou l'inconvénient, faut voir – d'être payée au rendement.

J'ai opté pour ce qui me semblait le plus utile pour le jour où je sortirais. Après avoir bu mon café du matin et avoir fait un brin de toilette, je pouvais ainsi assister à des cours de maths, de français, d'histoire ou de biologie. Et les mercredis et jeudis, c'était cuisine et « service ». À tour de rôle, nous étions aux fourneaux ou en salle. Pendant que les premières préparaient le repas (des recettes concoctées par un formateur), les secondes dressaient les tables puis apportaient les plats à celles qui faisaient office de

*Après le cauchemar*

clientes, et ainsi nous tenions notre petit restaurant entre nous sous l'œil des formateurs bienveillants et souriants ! Je n'ai jamais véritablement envisagé de me lancer dans l'hôtellerie ou la restauration, mais cette formation avait de grandes vertus : elle me changeait les idées et me donnait l'occasion de manger beaucoup mieux que dans ma cellule – j'en ai encore l'eau à la bouche quand je repense à cette moussaka ou à cette soupe pommes-oignons dont j'avais découvert les recettes !

Pour le reste, mes journées étaient essentiellement consacrées à écrire. Sur mon petit cahier d'écolier mais aussi des lettres, beaucoup de lettres. J'ai écrit à mes enfants (autant que je l'ai pu), à mon père bien sûr, à ma sœur, à mon amie Brigitte, à Fatima et Dominique les voisins, à Sabrina et Kévin « ses » enfants, et encore une ou deux lettres à une cousine, à ma tante Martine…

Dès que j'écrivais, j'étais déjà impatiente de recevoir une réponse. Ces allers-retours me paraissaient d'autant plus longs que l'administration pénitentiaire contrôlait et filtrait chacune des enveloppes (toute allusion au procès entraînait l'interception de la lettre) si bien que n'importe quel courrier mettait au moins un mois à me parvenir. C'est ainsi que j'étais toujours parmi les plus excitées, chaque jour à 13 heures, quand le maton facteur se présentait. Et à chaque lettre que je recevais, je m'empressais de répondre. Cela me prenait un temps fou car non seulement j'écrivais beaucoup, mais en plus je mettais toute mon application à chaque phrase, chaque mot, pour être sûre de ne rien oublier ou ne rien

*Acquittée*

écrire d'inutile. Aussi, comme je m'interdisais toute rature et que nous n'avions pas le droit au Tipp-Ex, je devais découper de minuscules bouts de papier que je collais sur mes fautes et mes erreurs pour les cacher. Et puis, j'égayais mes courriers et leurs enveloppes avec des dessins et des collages, comme je le faisais quand j'étais enfant, et il pouvait alors se passer trois ou quatre jours avant que je sois totalement satisfaite de mon œuvre.

Comme n'importe quel détenu j'imagine, toutes ces lettres m'ont aidée à tenir. Elles étaient des petites fenêtres ouvertes sur l'extérieur, des coins de ciel bleu et des bouffées d'oxygène – je punaisais au mur les photos que mon père et ma sœur m'envoyaient (les enfants dans leur foyer, moi petite, mon père et moi...) et je les contemplais pendant des heures. Mais plus que quiconque je crois, ces échanges épistolaires m'ont aussi ouvert les yeux sur une évidence : à travers eux, j'ai découvert que je pouvais être aimée et soutenue. C'est un sentiment difficile à expliquer, mais en douze années de violences conjugales, j'avais perdu de vue que cela fût possible. Le simple fait que des gens aient une pensée pour moi me bouleversait.

Ce sont naturellement les courriers de mes enfants qui me procuraient le plus d'émotions. Avec l'aide de leurs encadrants, ils composaient des albums photos collés sur des feuilles A4 et y ajoutaient des petits mots, des annotations, des dessins ou des coloriages. Je les ai tous conservés et je pleure à chaque fois que je les regarde. Sur l'une de ces compositions, il y a Séphora et Josué en photo

*Après le cauchemar*

avec leurs noms écrits en grosses lettres autour. Ils ont assemblé des images de bonbons, des fleurs, des cœurs, de petits bonshommes… Et un mot surgit parmi tout cela : « Reine ». Sur une seconde composition, Séphora pose devant l'objectif avec son doudou. Elle est sur le ventre, la tête sur un oreiller. Elle écrit : « Coucou, c'est nous ! » Sur une troisième on voit Saraï une main sur le visage pour se cacher de l'appareil photo. Elle a griffonné : « La petite souris est passée. » Une autre encore de Josué, emmitouflé dans sa couette. Il fixe l'appareil photo comme s'il voulait s'adresser à moi : « Coucou maman, je suis réveillé ! » Et à côté il a dessiné un cœur percé d'une flèche.

Je me souviens que je me précipitais pour montrer ces collages aux surveillantes et à mes codétenues. J'étais tellement fière, heureuse et triste à la fois qu'il fallait que je partage ces émotions pour qu'elles ne me submergent pas. Tout le monde me disait : « À les voir comme ça, on ne dirait pas qu'ils ont vécu un drame. On ne pourrait imaginer qu'ils n'ont plus ni leur mère ni leur père… » C'est horrible à dire, mais c'est en regardant ces photos, ces dessins et ces petits mots que j'ai réalisé que mes enfants se portaient mieux depuis que j'avais tué leur papa.

Évidemment que je n'ai pas bien fait – je ne revendiquerai jamais mon geste – mais il est vrai que, comme me l'a souvent dit mon père : « Ce fut un mal pour un bien… »

Parmi tous les courriers que j'ai écrits en prison, j'ai retrouvé un mot que j'avais adressé à Saraï et dans lequel je parlais de son père. Cette lettre me

*Acquittée*

déchire le cœur. Je préférerais n'avoir jamais eu à l'écrire, mais voilà, c'est ainsi, et même après des années de recul je n'en retirerais pas un mot : « Tu avais tellement peur ma puce que ton regard était marqué. Et maintenant vous êtes joyeux, rassurés de ne plus avoir de coups et d'être élevés correctement. Vivement ce jour où je vous verrai. Je vous serrerai dans mes bras, vous embrasserai tendrement et vous dirai que je vous aime. »

\*

\* \*

L'imprévu n'a pas sa place dans la vie en prison. Celle-ci n'est rythmée que par des rituels. Et, tous les détenus le diront, il y en a un plus important que les autres : le parloir. C'est une épreuve. Une explosion d'émotions. Une attente, des angoisses et des espoirs, puis une joie immense, des peines, des pleurs, une frustration, un temps trop court, une impression d'inachevé, des regrets (de n'avoir pas eu le temps de dire ceci ou cela) et enfin un déchirement.

Je me préparais pour les parloirs comme on s'apprête avant de se rendre à un rendez-vous. Je « me faisais belle », surtout pour les enfants. Cela avait pourtant un inconvénient : pour aller à la rencontre de nos visiteurs, il fallait traverser le quartier des hommes et nous ne passions jamais inaperçues. Il était impossible d'échapper aux sifflets et aux vulgarités de ces « fauves » – c'est ainsi que nous les appelions entre nous, les femmes. Je suivais alors

*Après le cauchemar*

la surveillante en regardant droit devant moi et en m'efforçant autant que possible de me boucher les oreilles, mais le chemin était si long (la sempiternelle succession de couloirs et de portes) que les cris et les insultes parvenaient à me faire peur.

Les parloirs « ordinaires » (pour les proches, la famille) se tenaient toujours dans la même grande pièce divisée en box ouverts. Chaque détenu(e) recevait son père, sa sœur ou son ami autour d'une petite table et au milieu d'un ronronnement de bavardages si bruyant qu'il n'était pas rare que l'on ne s'entende pas. Je n'oublierai jamais mon premier parloir. C'était avec ma sœur, ma mère et son nouveau mari. En août. Cela faisait deux mois que je n'avais pas vu quelqu'un de l'extérieur. Surtout, cela faisait des lustres que je n'avais pas eu une conversation posée avec ma mère – elle ne m'adressait plus la parole depuis plus de dix ans, ou si peu, quand nous nous croisions et qu'elle n'avait pas le choix.

Nous avons renoué contact en prison. J'ai retrouvé dans mon petit cahier d'écolier ce que j'avais écrit le jour où j'ai appris qu'elle viendrait me voir : « Le jour se lève, la surveillante entre, je reste couchée. Elle égrène la liste de ceux qui ont le droit à un parloir. Je saute de joie. Ce doit être ma maman et ma sœur ! » Ce fut sans doute une des dernières fois que je l'ai appelée maman.

C'est elle qui a fait le premier pas. Elle m'a envoyé un courrier qui m'a surprise mais également, je dois le dire, touchée. Cette lettre était très courte.

261

*Acquittée*

Ma mère me demandait comment j'allais, ni plus ni moins. Avait-elle des remords de m'avoir abandonnée pendant tant d'années parce que j'avais choisi un homme qu'elle détestait ? En tout cas elle ne le disait pas. Je lui ai répondu aussi « gentiment » que possible en lui donnant de mes nouvelles mais je me suis efforcée de rester très sobre – comme elle l'était – à l'exception d'un mot que j'ai ajouté à la fin : « Je t'aime. » Nous avons ainsi échangé quelques lettres et elle a sollicité le premier parloir. Là, ce fut un choc, une effusion de larmes et d'émotions. Ma mère, ma sœur puis mon beau-père (que j'avais croisé à de très rares occasions) m'ont prise tour à tour dans leurs bras et nous avons parlé, parlé, sans trop savoir ce que nous avions à nous dire. C'était à la fois chaleureux et glacial. J'étais contente de retrouver ma mère et de voir que j'étais encore vivante dans son esprit et peut-être dans son cœur, mais quelque chose d'inexplicable m'empêchait de vivre pleinement ces instants. Elle me disait qu'une vie nouvelle s'ouvrirait bientôt à moi, que ce qui était fait était fait et qu'il ne fallait pas que je le regrette, que je pourrais vivre un jour heureuse, sans « lui », sans les coups et les insultes… Mais jamais elle n'a pensé à s'excuser de m'avoir laissée tomber pendant près d'une décennie. Et jamais elle n'a laissé entendre que je lui avais manqué, moi sa fille.

Elle est venue cinq ou six fois me rendre visite et je crois qu'elle a sincèrement essayé de recréer un lien entre nous. Mais elle en était incapable. Au

*Après le cauchemar*

fond, ce n'était pas moi qu'elle voulait retrouver, mais mes enfants, ses petits-enfants. Elle a même tenté d'obtenir leur garde et a pris l'habitude, pendant un temps, d'aller à leur rencontre dans leur village SOS – cela m'avait surprise et même émue sans doute, mais cela m'inquiétait aussi car les enfants ne la connaissaient pour ainsi dire pas. Puis elle avait finalement renoncé à sa demande sous prétexte qu'elle était malade.

Nos parloirs et nos courriers se sont espacés jusqu'au jour où ils ont cessé. Nous nous sommes alors perdues de vue une seconde fois. Définitivement je crois, vu ce qui s'est passé au procès.

*
* *

Si j'excepte ceux de ma mère, chaque parloir était d'une incroyable intensité. Il faut avoir connu la privation de liberté, et donc l'interdiction de parler à ceux que l'on aime et de les toucher, pour savoir que de simples paroles ou regards échangés peuvent vous bouleverser pendant des jours. Je me souviens des visites de mon père, notamment. C'est lui qui est venu me voir le plus souvent. Nos conversations étaient anodines et pourtant elles pouvaient me redonner l'envie de vivre pendant des jours et des nuits. Nous discutions de tout et de rien, il me parlait de son potager, de ma belle-mère, de son travail chez Renault. Il me donnait des nouvelles qu'il avait des enfants (il avait un droit de visite une fois par

263

*Acquittée*

mois et les emmenait en vacances). Il me demandait si j'avais des informations sur l'enquête (j'en avais très peu) et ne cessait de me répéter, comme tout le monde, que le jour où je recouvrerais la liberté, au moins « il » ne serait plus là.

Je me souviens des visites de ma sœur… Avons-nous jamais été aussi proches que dans ce cadre lugubre de la salle de parloirs ? Elle me faisait saliver et rire en me racontant le dernier repas qu'elle avait préparé à ses enfants, elle me racontait « la vie dehors » et je rêvais en l'écoutant. Et puis elle me donnait des nouvelles de mes trésors. Avec mon accord, elle avait demandé et obtenu de les avoir chez elle un week-end par mois et je lui demandais de me faire le récit, dans le temps qui nous était imparti, de tous leurs faits et gestes. Elle était le cordon ombilical qui me reliait à eux. Mon oxygène. Mon espoir. Et mes rêves.

Les visites de mes enfants, bien sûr, étaient les plus éprouvantes. C'était à la fois un bonheur incommensurable et une souffrance sans nom. Cela se passait le lundi. Comme tout parent incarcéré, je pouvais les voir dans une pièce à part, sans le brouhaha des autres taulards. C'est ce qu'on appelle un « aménagement de parloir ». Les enfants arrivaient accompagnés de leur référente de l'Aide sociale à l'enfance. Ils me demandaient comment ma vie se déroulait, si je me faisais des copines, ce que j'avais fait de mes journées, combien de dodos j'allais rester en prison… Alors je m'efforçais de faire bonne

*Après le cauchemar*

figure et de leur répondre le plus naturellement du monde – j'ai fait ceci, cela ; Élodie est sympa ; je me suis fait de nouvelles amies (Stéphanie, Estelle, Sabine…) ; nous réussissons à rire ensemble pour oublier que le monde tourne sans nous ; je ne sais pas combien de temps je vais rester ici, il faut d'abord que je sois jugée –, mais mon cœur se remplissait de larmes. Cela durait une heure, montre en main. Je pleurais la première demi-heure parce que je les retrouvais et je pleurais la seconde parce que j'allais les quitter. L'instant du départ était bouleversant. Je les prenais dans mes bras. Je les serrais fort contre moi. Les surveillantes nous disaient : « Allez, il faut partir », et je voyais bien qu'elles avaient de la peine pour nous, que certaines avaient le cœur serré et même les yeux humides, mais elles n'avaient pas le choix. Les enfants pleuraient beaucoup, eux aussi ; je me retournais vers eux et leur envoyais des baisers une fois, deux fois, dix fois…

Qu'aurais-je pu leur dire ? Que je regrettais d'avoir tué leur père ? J'aurais aimé mais je ne le pouvais pas. Ils avaient l'air si différents maintenant. Si légers. Si « libérés ». Ils savaient que je l'avais fait (les policiers puis les assistantes sociales leur avaient peu à peu expliqué), alors qu'aurais-je dû ajouter ? Que c'était un accident ? Que j'aurais dû les extraire plus tôt des marécages de l'enfer dans lesquels je les avais laissés s'enfoncer avec moi ? À quoi bon ? Avaient-ils besoin que je le leur explique ? Peut-être, mais à cette époque-là ils ne m'ont pas posé de questions. Je crois, en définitive, qu'ils « savaient ». L'essentiel en tout cas.

*Acquittée*

*
* *

Tous celles et ceux qui sont venus me voir en prison m'ont dit au moins une fois que j'aurais dû « partir avant ». Chacun avait sa formule : il aurait fallu que je prenne les enfants et que je disparaisse en pleine nuit ; J'aurais dû me confier ; il aurait mieux valu que je porte plainte ; j'aurais mieux fait de demander le divorce... Mais personne n'a dit : « Moi non plus je n'ai rien fait... », « Pardon, je me doutais bien mais je n'ai rien osé dire... » ; « Je regrette de n'avoir pas osé te prendre par la main pour t'aider à partir »... Ma sœur est la seule à avoir émis des regrets. Pourtant c'est aussi la seule qui m'ait accompagnée pour porter plainte. Je crois qu'elle s'en veut sincèrement de ne pas m'avoir aidée davantage. Au fond, elle avait compris ce qui se passait dans mon couple. Je ne lui en veux pas. Je n'en veux pas aux autres non plus. Je n'y parviens pas. Je me mets à leur place. Je suis persuadée que je n'aurais pas mieux fait.

J'ai passé seize mois et vingt-huit jours en prison. Seize mois et vingt-huit jours à réfléchir à mon histoire. Seize mois et vingt-huit jours à attendre mon procès. Seize mois et vingt-huit jours dans la crainte de rester derrière les barreaux pendant une bonne partie de ma vie. Loin des miens. De mes enfants surtout. J'ai vu défiler des experts psychiatres et des psychologues de tout poil. Ça se

*Après le cauchemar*

passait dans des petites pièces sans âme. Il fallait encore que je raconte ma vie. C'étaient toujours les mêmes rengaines : Moi enfant, moi avec « lui », moi avec mes enfants, moi seule... Ils s'acharnaient à vouloir me faire évoquer des souvenirs personnels et trouvaient « bizarre » que ma mémoire soit plus trouée qu'un gruyère. À peine l'entretien commencé, j'avais hâte qu'il se termine. J'en avais assez de ressasser ce passé, qu'il soit proche ou lointain, et je n'espérais plus qu'une chose : tourner la page. Je voulais savoir ce que j'allais devenir. La prison ou la vie.

Pendant des semaines, je n'ai pas eu le moindre indice sur le sort qui m'était réservé. Ma première avocate, celle qu'on m'avait attribuée d'office, comme on dit, avait apparemment d'autres préoccupations. Elle m'a rendu une ou deux fois visite et a rédigé trois ou quatre lettres mais, pour le reste, j'étais livrée à moi-même. J'ai alors pris une décision : quel que soit le temps que cela prendrait, je resterais incarcérée jusqu'à mon procès. C'est ainsi que j'ai moi-même refusé une occasion d'être libre, après un an derrière les barreaux, quand la juge m'a convoquée pour me signifier qu'elle devait prolonger ma détention provisoire. « Souhaitez-vous sortir ? », m'a-t-elle demandé de but en blanc. J'étais considérée comme une détenue sans problèmes et l'enquête semblait tourner en rond. Mais j'ai refusé. Mon raisonnement était simple : si j'avais une peine à faire, il valait mieux que je la commence dès maintenant. Je ne voyais pas l'intérêt de sortir de prison si c'était pour y retourner après le procès. Sortir

*Acquittée*

pour retrouver mes enfants et devoir à nouveau les quitter dès le verdict prononcé, je n'aurais pu le supporter. On ne peut pas mourir deux fois.

J'ai pourtant fini par changer d'avis. Grâce à mon père. Il ne pouvait pas accepter de me voir seule, sans « défense », et a fait des pieds et des mains pour que son propre avocat (mon père était mis en examen pour modification de la scène de crime) devienne aussi le mien. Et cet homme, spécialiste du droit pénal, m'a convaincue qu'il fallait que je comparaisse libre. « C'est primordial, a-t-il dit. Et c'est d'abord une question d'image, d'"impression". Si les jurés vous voient arriver entre deux policiers, ils vous considéreront a priori comme suspecte. Vous serez dans la peau d'une prisonnière et donc, possiblement, d'une meurtrière. Si au contraire ils vous voient libre de vos mouvements, accompagnée de vos proches, alors vous leur offrirez votre véritable image, celle d'une femme ordinaire à qui il est arrivé un événement dramatique… » J'ai encore longuement hésité, mais j'ai repensé à mes enfants et aux fêtes de Noël qui approchaient. Je ne voulais pas être absente une deuxième année. Alors j'ai dit : « C'est d'accord, faites… »

\*
\* \*

C'est un matin gris de novembre. Je suis en formation. Des surveillantes m'appellent à l'écart. Elles sont souriantes : « Lange, vous êtes libérée. Préparez vos affaires, vous partez maintenant. » En prison,

*Après le cauchemar*

tout est brutal, même les bonnes nouvelles. J'ai beau savoir depuis plusieurs semaines que la demande de mon avocat a été acceptée, je suis désemparée. Tout va vite, très vite. On me reconduit à ma cellule. Je rassemble mes affaires à la hâte sous l'œil des matons. J'empile mes vêtements dans des sacs en plastique. J'entasse les courriers que j'ai reçus, mes cahiers de formation et les babioles que j'ai accumulées depuis près d'un an et demi. Je croise le regard de ma dernière codétenue et je lui dis : « Voilà, je suis libre, je m'en vais. » Elle me donne un coup de main. Je n'ai pas le temps de dire au revoir aux autres. Une surveillante m'accompagne vers la sortie. Au bureau du greffe, j'aperçois par la fenêtre la voiture de mon père. Prévenu par notre avocat, il m'attend déjà. On me rend mes affaires personnelles, ma carte d'identité, mon sac à main. On me met quasiment dehors !

Je suis à la fois euphorique et inquiète. Je marche vite, je tremble. Je traverse seule la cour, la porte s'ouvre, mon père se jette sur moi et me prend dans ses bras, mon cœur bat à mille à l'heure (nous sommes tellement heureux !), mais il faut déjà que je retourne à l'intérieur. Je fais des allers-retours pour évacuer tous mes sacs. Les matons ne sont pas autorisés à m'aider. Je transpire, je suis essoufflée. J'ai presque le vertige. Je suis libre. Et une angoisse me serre soudain les tripes. Comment vais-je vivre à l'extérieur ? À quoi ressemble la vie de femme libre ? Je viens de passer près d'une année et demie enfermée, c'est une chose, mais j'ai aussi traversé douze années sous le joug d'un homme.

*Acquittée*

Comment se comporteront « les autres », maintenant qu'ils « savent » ? Que vais-je leur dire ? Que vont-ils me dire ? J'ai tué mon mari. Les gens vont-ils me dévisager dans la rue ? Ont-ils compris qu'il s'agissait de moi quand ils ont vu la photo de notre maison et lu le récit de mon calvaire en parcourant la rubrique faits divers dans la presse locale ? Et mon procès ? Quand la justice va-t-elle se décider à me juger ? Et mes enfants, mes trésors... Comment vont-ils ? Quand pourrai-je les revoir et les blottir contre moi ? Pourrai-je vivre auprès d'eux ? Et si je suis condamnée... Non... Je ne veux pas les perdre une seconde fois... Comment vais-je leur expliquer ? Que pourrai-je leur dire ? Je veux les voir...

*
* *

Vendredi soir. Ma sœur, chez qui je me suis installée après avoir passé quelques jours chez mon père pour reprendre pied, est partie chercher les enfants dans leur foyer. « Je ne peux pas t'emmener, m'a-t-elle expliqué. Nous serons déjà cinq dans la voiture, ce n'est pas le moment de se faire arrêter, tu ne crois pas ? »

Déjà près d'une heure d'attente. C'est interminable. Je prépare le repas pour m'occuper. Elle m'envoie un SMS. « On est en route. » Je trouve que ça traîne. Je m'impatiente, je tourne en rond. Je jette un coup d'œil par la fenêtre toutes les trente secondes. Et les voilà. Les enfants se ruent hors du

*Après le cauchemar*

véhicule et se jettent dans mes bras. C'est le plus beau jour de ma vie.

Nous nous sommes couchés très tard. Un à un je les ai pris sur mes genoux, je leur ai fait des câlins et nous avons fini par parler. Beaucoup et en riant. Ce soir-là, nous avons passé des heures merveilleuses. Les premières, depuis toujours, sans qu'« il » soit là pour gâcher notre bonheur. Je crois que, déjà, nous avions inconsciemment décidé de rattraper le temps perdu.

Avant même mon procès, il m'a fallu réapprendre à vivre avec eux. Et à vivre tout court. La juge pour enfants m'avait accordé le droit de les avoir auprès de moi une fois par mois, chez ma sœur. Je pouvais aussi leur rendre visite au village SOS et je n'ai jamais raté une occasion d'y aller. Mon père m'y emmenait quand il bénéficiait d'un droit de visite et je profitais de chaque aller-retour de ma sœur pour les voir. Nous avons ainsi, malgré tous les obstacles, peu à peu reconstruit le lien qu'une mère doit avoir avec ses enfants.

Cela paraîtra sans doute banal, mais j'ai réappris à discuter pendant des heures sans voir le temps s'écouler ou à être seule sans me sentir solitaire, j'ai redécouvert le plaisir d'écouter de la musique ou de lire sans que ce soit simplement pour « attendre ». Ce qui m'a sans doute le plus déroutée, c'est d'être sans « lui ». J'avais l'impression que tout était

*Acquittée*

soudain possible, faisable. Et léger. Car pour la première fois depuis près de quinze ans, je pouvais passer des heures à me promener et je pouvais m'endormir dans une chambre sans craindre d'être battue à mon retour ou à mon réveil.

Mes journées me paraissaient bien remplies, soudain. Je devais refaire tous mes papiers, me rendre à Pôle Emploi, « m'occuper de moi » comme disaient mes proches et, surtout, ne pas oublier d'envisager qu'un avenir était possible. J'ai ainsi suivi deux formations de dix semaines (il s'agissait d'acquérir des « compétences transversales », un nom barbare qui signifie que l'on nous apprend à rédiger un CV, à gérer notre stress face à un employeur ou à être souriant devant un client). J'ai fait les démarches nécessaires pour trouver un foyer d'hébergement au cas où l'on ne me renverrait pas en prison ; j'ai demandé la garde de mes enfants… Et au fil des mois, sans que je puisse vraiment expliquer pourquoi, j'ai été gagnée par l'espoir que l'on me « pardonnerait » peut-être et que je n'étais pas condamnée d'avance à retourner entre quatre murs de béton.

Comme souvent, cela tient à des rencontres. Des gens qui vous tendent la main ou qui vous sourient, simplement. Je me souviens notamment de cette femme qui me recevait lorsque, tous les quinze jours, je me rendais au commissariat de Douai pour « pointer » dans le cadre de mon contrôle judiciaire. Ces rendez-vous-là ne sont généralement pas des moments très agréables (ils vous rappellent sans cesse l'épée de Damoclès que la justice a placée au-dessus de votre tête) et pourtant je m'y rendais sans

*Après le cauchemar*

réticence. Cette femme était charmante, et même joyeuse. Elle m'accueillait avec un grand sourire et ne manquait jamais de demander de mes nouvelles. Alors je lui racontais ma vie (et même mon passé !) et pour la première fois j'avais l'impression d'être écoutée sans être jugée par une personne représentant la justice.

Je pense à Rudy, aussi, mon référent à La Maisonnée, le centre d'hébergement et de réinsertion sociale que j'ai rejoint quelques mois avant le procès et dans lequel je bénéficie encore aujourd'hui d'un petit studio. Cet homme a tout compris, tout de suite. Il est vrai qu'il en connaît un rayon sur les femmes maltraitées. Nous sommes son pain quotidien, si j'ose dire. Rudy m'a non seulement aidée à me reconstruire au jour le jour (il faut tout réapprendre quand on devient une femme indépendante après des années sous emprise), mais il m'a également prise sous son aile pour m'aider à affronter le procès. C'est ainsi qu'il m'a permis de faire une (double) rencontre décisive en me présentant deux avocates spécialistes des affaires de violences conjugales. Rudy s'inquiétait que mon conseil, celui-là même qui m'avait fait sortir de prison, ne soit pas plus souvent à mes côtés alors que nous n'étions plus qu'à quelques semaines de mon procès. De surcroît, il regrettait que cet avocat ne nous informe pas précisément sur la stratégie de défense qu'il allait suivre à l'audience. « Va-t-il plaider l'accident ? La dispute qui a mal tourné ? Dit-il que vous devez

*Acquittée*

affirmer que vous regrettez ou le contraire ? », s'interrogeait-il, agacé. Et un dernier point le contrariait plus encore : cet homme était aussi l'avocat de mon père qui devait comparaître à mes côtés pour avoir modifié la scène de crime. « Ce n'est pas bon… Cela ne peut pas fonctionner… », m'avait dit Rudy en me promettant de trouver une solution. Je l'ai alors vu passer des heures sur Internet, multiplier les appels téléphoniques, expliquer mon cas, raconter mon histoire… Et un jour de décembre 2011, quatre mois avant le procès, il m'a présenté maîtres Janine Bonaggiunta et Nathalie Tomasini, deux grandes professionnelles au regard protecteur venues tout spécialement de Paris pour défendre ma cause.

*
* *

Elles m'ont immédiatement comprise, soutenue et montré le chemin qui allait nous conduire vers l'acquittement : « Nous invoquerons la légitime défense, peut-être même la présomption de légitime défense », m'ont-elles expliqué d'un air convaincu. Je connaissais vaguement la « légitime défense », mais la « présomption de légitime défense », alors là…

Ce sont des termes juridiques très précis auxquels je ne comprenais pas grand-chose mais qu'elles ont pris le temps de m'expliquer. La légitime défense est une situation très strictement encadrée par le Code pénal[1] et qui n'est retenue qu'à titre exceptionnel car

---

1. Article 122-5.

*Après le cauchemar*

elle doit réunir plusieurs conditions. La personne mise en cause doit notamment avoir agi « pour faire face à une atteinte injustifiée à son encontre » ; son acte de défense doit avoir été « nécessaire », c'est-à-dire que cette personne n'avait pas d'autres recours (faire appel à la police ou à un tiers par exemple) ; et surtout, je l'ai déjà dit, elle doit avoir employé des moyens de défense « proportionnés » à la gravité de la menace qui pesait sur elle. Dans mon cas, les deux premières conditions étaient réunies, mais la troisième posait problème. Le tribunal devait établir que je me trouvais en danger de mort au moment précis où je me suis défendue.

La « présomption de légitime défense », m'ont expliqué mes avocates, c'est différent : « Nous plaiderons que dans la situation qui était devenue la vôtre, vous vous sentiez en danger de mort permanent... » Ce soir-là ou un autre, c'était en quelque sorte « lui ou moi ».

Maître Bonaggiunta et maître Tomasini m'ont donné le sentiment de ne jamais douter que je serais acquittée. Elles me répétaient que mon histoire était exemplaire et forcément symbolique, me demandaient d'avoir confiance. Elles me promettaient que le cauchemar que nous avions vécu, les enfants et moi, ne pourrait jamais laisser insensibles les jurés... Elles me disaient : « Ce sera un procès unique ! Il faut médiatiser votre histoire ! Nous parlerons ensemble au nom de toutes celles qui souffrent ! Nous devons le faire pour elles aussi »...

*Acquittée*

Elles se montraient si fortes et si confiantes que j'ai décidé de m'en remettre à elles. Aveuglément. Et jamais, au grand jamais, je ne le regretterai. Je n'ai pourtant pas pu m'empêcher de douter de mon acquittement. Jusqu'au bout. Jusqu'aux derniers instants j'ai craint d'être condamnée. Je me souviens de mon dernier au revoir à mes trésors, la veille de l'ouverture du procès. Après avoir passé le week-end avec eux, je les ai raccompagnés à la gare pour qu'ils rejoignent leur foyer. Je revois le train s'éloigner et moi, sur le quai, priant en sanglotant : « Mon Dieu, faites que je ne les revoie pas au parloir… »

*
* *

J'ai été une femme battue pendant douze années. Puis une femme accusée « d'homicide volontaire sur conjoint » pendant trois ans. Et enfin une femme acquittée.

Aujourd'hui je suis une femme en vie. J'ai retrouvé mes rêves. Des rêves qui peuvent paraître simples mais qui m'ouvrent les portes d'une nouvelle existence : dénicher un travail, passer mon permis de conduire, vivre « chez moi » (La Maisonnée est toujours mon refuge, mais pour quelques mois tout au plus je l'espère) et, par-dessus tout, récupérer mes petits trésors. Le juge des enfants m'en a déjà accordé la garde un week-end sur deux en attendant que je trouve une situation stable, mais je sais aujourd'hui que je suis riche d'une force que j'avais perdue : l'espoir.

*Après le cauchemar*

J'y arriverai. Les enfants et moi, nous y arriverons. Grâce aux personnels de leur foyer, mes petits vont aussi bien que possible dans la situation qui est la leur. Ils n'ont jamais été séparés. Ils se sont serré les coudes. Je suis tellement fière d'eux !

Séphora, ma grande Séphora, est aujourd'hui une adolescente coquette, très bonne élève au collège, passionnée de danse et qui aime se rendre utile et s'occuper des autres. Durant ces trois dernières années, elle a pris soin de ses frères et sœur avec un tel dévouement ! Du fait de son âge, elle a tout su et surtout tout compris de notre histoire. Elle est si douce et aimante qu'elle en a peut-être même trop fait en voulant occuper la place de maman que j'avais laissée libre. Elle sait qu'elle ne doit plus le faire, qu'elle doit d'abord vivre pour elle, comme une adolescente qu'elle est, et je sais qu'elle sera une femme forte. J'en ai l'intime conviction. Séphora est bien entourée. Elle a des amis qui la soutiennent. Elle n'a pas peur du regard des autres. Elle m'épate tellement…

Josué, mon petit Josué, est un garçon gentil, attentionné et très joueur. Il aime tant s'amuser qu'il en oublie parfois qu'il faut aussi travailler à l'école, mais je vois qu'il fait des efforts. Il y a des hauts et des bas, ce ne sera pas toujours facile pour lui, mais je ne crains pas qu'il échoue. Il ne cesse de faire des progrès et je suis persuadée que lorsque nous aurons retrouvé une vie normale (eux et moi sous un même toit), les choses rentreront dans l'ordre. Il a déjà beaucoup appris au village sur son comportement. Suivant le « modèle » de son père,

*Acquittée*

il a longtemps considéré qu'une dispute avec ses sœurs pouvait se terminer en coups sans que cela soit mal, mais il apprend à se maîtriser et s'est déjà beaucoup assagi.

Saraï, ma douce Saraï, est une petite fille souriante et méfiante à la fois. Un voile de tristesse se pose parfois sur son visage et cela me peine. Je lui manque beaucoup, dit-elle. Je crains qu'elle me reproche un jour de les avoir laissés, elle et ses frères et sœur, dans un foyer. Dès que nous nous retrouvons, elle ne peut d'ailleurs pas s'empêcher de se coller à moi. Saraï a tant souffert qu'elle a tendance à se refermer sur elle-même – elle a peu d'amis car elle a du mal à faire confiance –, mais elle ira mieux, je le sais. C'est une petite fille qui aime aussi rire, s'amuser et qui peut se montrer très rigolote, avec ses remarques d'enfant. Elle est curieuse et veut toujours tout savoir sur tout. Elle a de très bons résultats à l'école, se passionne pour le dessin et rêve de devenir vétérinaire (elle voudrait un chihuahua, un chat, un cheval et un dauphin, rien que cela !). Je crois simplement que Saraï s'interdit aujourd'hui d'être heureuse, car nous ne sommes pas ensemble, mais cela viendra. Je n'en doute pas.

Et mon Siméon, mon petit prince… Dire qu'il a failli ne jamais venir au monde. Je l'aime tellement, ce petit bout ! Il a fait beaucoup d'efforts et de progrès ces derniers mois. Il s'épanouit chaque jour. Pauvre bébé. Il a vécu tant d'horreurs, lui aussi. Il ne parlait à personne quand on l'a placé au foyer. Il lui arrive encore d'être dans sa bulle mais il reprend peu à peu confiance en lui et dans les autres. Mon

*Après le cauchemar*

baromètre personnel ne me trompe pas : il me fait beaucoup plus de bisous qu'avant ! C'est un faux timide car dès qu'il commence à parler, il a dû mal à s'arrêter (j'adore sa petite voix fine et aiguë). Et à l'école – il est aujourd'hui en CP –, Siméon travaille très bien. Alors oui, nous y arriverons.

*
* *

Au moment où j'écris ces lignes, je m'apprête à les récupérer. Je leur préparerai un bon repas et nous parlerons de l'avenir, de nos envies et de nos rêves. Demain, nous irons à la piscine ou au cinéma. Nous irons peut-être nous promener dans les rues de Douai. Librement. Nous avons tant à faire ensemble.

Moi qui n'aime pas l'idée de vieillir, je voudrais me transporter dans deux-trois ans, pour avoir notre « chez nous », nos réveils et nos soirées ensemble, nos disputes nécessaires, notre bonheur ordinaire. Enfin. Eux aussi me demandent régulièrement quand nous nous retrouverons pour de bon. Ils savent bien que leur situation n'est pas celle de la plupart des enfants de leur âge. Je n'ai hélas qu'une réponse à leur apporter pour l'instant : tant que je n'aurai pas de logement, ce ne sera pas possible. Il nous faut encore passer devant le juge des enfants, continuer à nous apprivoiser réciproquement et je dois apprendre, encore, à ne plus être seulement une mère protectrice, mais à savoir faire preuve d'autorité. Tout cela va se mettre en place petit à petit. Nous ne devons pas brûler les étapes. Je dois faire attention à ne pas les perturber. Cela fait maintenant plus de trois ans qu'ils grandissent sans moi.

J'ai hâte et en même temps je redoute l'instant où nous revivrons ensemble. J'ai peur de ne plus savoir être maman au quotidien, sept jours sur sept et vingt-quatre heures sur vingt-quatre. J'ai peur d'avoir perdu le mode d'emploi en prison ou dans les couloirs du tribunal. Je sais faire, pourtant. Je m'en suis sortie pendant douze ans dans les conditions que l'on connaît, alors…

Le portrait psychologique que les experts ont dressé de moi pour les besoins de l'enquête n'est pas toujours flatteur mais je l'assume. Ils m'ont décrite comme une femme « soumise » et « martyre » (comment pourrais-je le contester ?) ; ils n'ont pas relevé chez moi « d'anomalie mentale » (je n'en ai jamais douté) ; ils ont dit que j'étais « une mère attentionnée et aimante » (bien sûr), mais aussi « peu mature » (j'aurais choisi d'autres termes : lâche, peureuse, naïve, idiote pour n'en citer que quelques-uns). J'ai sans doute manqué de maturité, certes (je suis tout de même partie à dix-sept ans avec un homme que je connaissais à peine), mais j'ose penser que ce que j'ai vécu m'a aidée à corriger ce défaut…

Pour moi comme pour mes enfants, une chose reste compliquée : parler du passé. Ce n'est pas un sujet de conversation entre nous. Nous essayons parfois, mais il est tellement difficile de s'obliger à se faire mal. Séphora, Josué et Saraï, mes trois plus grands, savent que j'ai tué leur père. Ils savent également tout ce que j'ai subi avant d'en arriver à ce geste fatal (les deux premiers ont une très mauvaise image de lui alors que Saraï a des souvenirs plus vagues et mitigés). Siméon, le plus petit, ne se souvient de pratiquement rien et ne m'en parle quasiment jamais. Mais je me suis fait une promesse : le jour où il voudra savoir, je lui répondrai. Comme aux autres, je lui parlerai en pesant chacun de mes mots. Comme ici, je lui raconterai mon histoire telle qu'elle était, sans accabler son père ni occulter ou minimiser l'enfer qui fut le mien – plus jamais cela. Et s'il faut lui expliquer pourquoi et comment son père est mort, je lui dirai ceci : « Hélas, maman n'a pas eu d'autre choix que de se défendre. »

# Postface

Le 23 mars 2012, l'acquittement d'Alexandra Lange par la cour d'appel de Douai a marqué pour toujours, non seulement nos parcours professionnels et privés, mais surtout, nous le croyons, la vie de milliers de femmes victimes tous les jours de violences conjugales.

Les jurés, la société, ont reconnu l'état de légitime défense dans lequel se trouvait Alexandra lorsqu'elle a tué son mari pour sauver sa vie et celle de ses enfants.

Ce verdict résulte de la rencontre de plusieurs personnalités :

• Alexandra Lange, une femme qui a « porté sa croix » pendant plus de douze années de supplices, et incarne le symbole de toutes celles qui se retrouvent piégées dans le cercle infernal de la violence conjugale.

*Une femme sacrifiée, portant en elle toutes les douleurs et la parole des autres femmes victimes.*

*• Rudy Le François, un homme d'exception qui fut son référent au foyer de La Maisonnée à Douai et qui n'a pas hésité à braver l'inertie et la lourdeur de l'administration, afin que sa protégée soit défendue comme une victime et non comme une accusée.*

*• Luc Frémiot, avocat général à Douai, particulièrement sensibilisé aux violences conjugales et qui va oser, lors du procès, mettre en cause la société et ses dysfonctionnements, reconnaître le calvaire de l'accusée, et demander son acquittement.*

*• B&T Associés, notre cabinet, voué à l'écoute et à la défense des femmes victimes de violences conjugales, perdues et isolées, à qui nous tendons la main afin de leur offrir une assistance juridique et une aide psychologique en les orientant vers des thérapeutes spécialisés avec lesquels nous travaillons en étroite collaboration.*

*Cette « cellule de secours », que nous avons créée, est née d'une mûre réflexion à la suite de nos retrouvailles à toutes deux, après un long cheminement professionnel marqué par la violence du monde des affaires, la violence institutionnelle et la violence des rapports hiérarchiques.*

*L'avènement de la loi du 9 juillet 2010, consacrant la reconnaissance des violences psychologiques au sein du couple comme délit, a précipité la concrétisation de cette réflexion et le désir de créer un outil réactif afin d'aider l'ensemble des femmes démunies face au problème des violences conjugales.*

*Postface*

*Ce verdict est de surcroît la première pierre d'un long chemin qu'il reste à parcourir pour tenter :*

*— d'une part, de multiplier les actions de sensibilisation, de prévention et de formation auprès des professionnels de santé, des enseignants, des travailleurs sociaux et des services de police ;*

*— d'autre part, de faciliter l'accès des victimes aux services sociaux, aux services de police, à la Justice et de mettre à leur disposition des structures d'hébergement ;*

*— enfin, de faire modifier les textes de loi actuellement en vigueur en France définissant la légitime défense (article 122-5 du Code pénal).*

*Sur ce dernier point, l'arrêt Lange rendu par la cour d'assises de Douai le 23 mars 2012 va peut-être nous permettre d'ouvrir la porte à une réflexion plus large quant à la nécessaire adaptation de la définition actuelle en droit français de la légitime défense, qui ne nous semble pas adaptée au cas des homicides conjugaux.*

*En effet, aujourd'hui en France, pour que la légitime défense soit retenue il faut :*

*— qu'il y ait eu une agression ;*

*— que l'acte de riposte soit commandé par la nécessité de défendre sa vie ou celle d'autrui ;*

*— qu'il y ait une proportionnalité entre les deux actes.*

*Ce que l'on nomme « la présomption de légitime défense » n'existe pas encore en France dans les affaires d'homicides conjugaux.*

*Cette légitime défense présumée a cependant été consacrée il y a déjà vingt ans au Canada où l'on a, dans une affaire d'homicide conjugal désormais célèbre (l'arrêt Lavallée), osé renverser la charge de la preuve en appréciant, rapports*

*Acquittée*

*d'experts à l'appui, la réaction toute particulière d'une femme face à une agression dans un contexte de violences conjugales.*

*La cour a tenu compte de la situation de cette femme, de son quotidien, de son psychisme, pour mettre en lumière ce qu'on a appelé « le syndrome de la femme battue ».*

*Selon les psychiatres, ce syndrome se caractérise par un contexte de violences conjugales où la femme vient à développer une impuissance acquise qui ne lui permet plus de trouver de solutions « raisonnables » pour sortir du piège de la violence.*

*Pour elle, la seule solution envisageable ne peut être qu'ultime : se défendre « à mort » contre son conjoint avant que celui-ci ne la tue.*

*Ce syndrome se caractérise par un ensemble de signes cliniques qui traduisent un état post-traumatique dû à des actes de violence répétés et subis sur une longue période.*

*La personne souffrant de ce syndrome développe en quelque sorte une légitime « peur constante » d'être tuée.*

*À ce stade, la légitime défense peut également être considérée comme « un état constant ».*

*Ainsi, la Cour suprême du Canada a permis à Angélique Lavallée, en 1990, d'être acquittée de l'homicide de son mari en retenant la « défense légitime », se basant sur la preuve d'experts ayant mis en évidence le syndrome de la femme battue (SFB).*

---

Faits : *Angélique Lyn Lavallée a été, pendant trois ou quatre ans, la conjointe de fait de Kevin (Rooster) Rust. Leur relation était souvent ponctuée de disputes et d'actes de violence et leurs différends pouvaient durer deux ou trois jours et parfois même plusieurs semaines. Elle a souvent fait l'objet d'agressions*

## Postface

*physiques de la part de son conjoint. Entre 1983 et 1986, elle a dû se rendre plusieurs fois à l'hôpital à cause de blessures, dont de graves contusions, ecchymoses multiples, fractures au nez et œil au beurre noir.*

*D'autres témoins ont également vu ses blessures.*

*Dans la soirée du 30 août 1986, le couple a donné une réception, qui est devenue plutôt bruyante. À un moment donné, M. Rust poursuivait Mme Lavallée à l'extérieur de la maison. Plus tard, on entendit les bruits de « quelqu'un qui battait quelqu'un d'autre », puis un premier et un deuxième coup de feu, et les cris d'une femme. Mme Lavallée avait effectivement tiré deux coups de feu en direction de son conjoint avec une carabine, le premier l'a raté mais le second l'a atteint derrière la tête, le tuant au moment où il allait sortir de la pièce.*

*Un agent de police et un médecin ont par la suite observé des marques et des blessures sur le corps de Mme Lavallée, ce qui confirmait sa déclaration selon laquelle elle avait dû se défendre.*

*Pendant le procès pour meurtre au second degré de Mme Lavallée, un psychiatre spécialisé dans le traitement des femmes battues a déclaré que la terreur que M. Rust exerçait sur elle l'avait plongée dans un sentiment de vulnérabilité et qu'elle se sentait dévalorisée et piégée dans une relation dont, malgré la violence, elle ne réussissait pas à sortir. Il a également déclaré que la violence permanente dont elle faisait l'objet constituait une menace pour sa vie et qu'elle avait utilisé une arme à feu en désespoir de cause, estimant que M. Rust avait l'intention de la tuer.*

*Cette femme a été acquittée parce qu'il a été estimé que l'acte de légitime défense était caractérisé.*

*Acquittée*

En effet, il a été démontré qu'elle croyait raisonnablement qu'il n'y avait pas d'autre solution que d'enlever la vie à son agresseur pour survivre.

Lorsque, chaque jour de la vie d'une femme, une menace de mort quasi permanente plane au-dessus de sa tête, alors on peut estimer que l'état de légitime défense est permanent.

Le destin tragique d'Alexandra Lange aujourd'hui en France, comme celui d'Angélique Lavallée hier au Canada, va, nous l'espérons, nous permettre d'aller plus avant dans la réflexion juridique vers l'adoption de la présomption de légitime défense dans le cas des homicides conjugaux.

C'est pourquoi Alexandra a voulu témoigner et faire savoir à toutes ces femmes qui vivent dans la douleur au quotidien que les violences conjugales peuvent se terminer tragiquement et aboutir à la mort.

Les violences conjugales ne doivent pas relever de l'intimité du couple : lorsqu'il y a violence, on doit intervenir. Nous, les proches, les voisins, ne restons plus dans l'indifférence ! Se taire peut déboucher sur l'irréparable.

Il faut vaincre les inhibitions et soutenir la femme battue, l'inviter à parler ou le faire à sa place.

La société doit ouvrir le débat sur la maltraitance dont est victime une femme de la part de son conjoint, comme elle l'a fait pour le viol, l'inceste ou la pédophilie.

Nous savons que ce chemin sera long et difficile, car le processus politique et législatif ne peut être que l'aboutissement d'un profond changement des mentalités qui permettra aux hommes et aux femmes de fonctionner sur un autre mode que celui de la domination/soumission.

Aujourd'hui, Alexandra se reconstruit à petits pas.

*Postface*

*Elle est enfin prête à se battre pour retrouver son identité et sa liberté... parce que aujourd'hui elle sait qu'elle n'est plus seule !*

Janine BONAGGIUNTA & Nathalie TOMASINI
Avocats au barreau de Paris

# Remerciements

Je veux adresser un message à tous ceux dont les avertissements, les témoignages et la compassion m'ont aidée à survivre, aussi bien qu'à ceux qui m'ont permis, in fine, de sortir de ce drame et de commencer à me reconstruire.

Je pense à Sylvie, « sa » première épouse, un petit bout de femme encore marqué aujourd'hui par ce qu'elle a enduré auprès de « lui », et qui a tant voulu me prévenir. Elle va un peu mieux depuis qu'il n'est plus de ce monde, mais mon drame et mon procès ont fait remonter beaucoup de traumatismes à la surface. C'était pourtant une femme de caractère. Mais il l'a détruite. Elle a manqué d'aide. Je voudrais qu'elle rencontre quelqu'un de bien. Elle mérite le bonheur et la paix.

Je pense à sa fille Laura, cette pauvre enfant qui a vécu les pires des horreurs auprès de « lui ». C'est

*Acquittée*

aujourd'hui une jeune femme qui souffre, douce et réservée, mais aussi rieuse et rêveuse. Je veux lui dire : « Bats-toi princesse, ne t'en veux pas de ce qu'il t'a fait subir. Aie cette volonté de croquer la vie à pleine dents. »

J'ai une pensée pour Dominique et Fatima, mes amis et voisins. Des gens simples, travailleurs et généreux. Je sais que chacun à sa façon, lui grand et énergique, elle douce et fragile, peuvent regretter de ne pas avoir fait plus pour moi. Je vous aime mes amis et ne vous en veux pas. Je n'aurais sans doute pas fait mieux.

Je pense à Kévin, « son » fils, un gentil garçon, serviable, mais qui a tellement souffert lui aussi qu'il peine à se construire ; et je pense à Médhi, son ami, mon ami, un jeune homme courageux que la vie n'a pas davantage épargné. Ces deux garçons-là doivent s'en sortir. Mais il faut le vouloir. Regardez droit devant vous les garçons, et battez-vous !

Je ne veux pas oublier Rudy, mon référent à La Maisonnée, toujours auprès de moi. Il ne m'a jamais jugée. Il a toujours été là quand j'avais besoin de conseils ou de soutien. Au fil des mois, il a appris à me connaître, et dans chaque difficulté il m'a soutenue et conseillée. Tout comme le personnel du foyer, il a toujours été présent, rassurant, compréhensif et à l'écoute de mes états d'âme. Il m'a dit un jour que je suis une des personnes qui auront le plus marqué sa carrière. C'est dire le lien que nous entretenons. C'est un homme de mon âge, la trentaine. Sa joie de vivre, son sérieux et son calme en toute circonstance forcent le respect. Il est comme un frère pour moi.

*Remerciements*

Et que dire de mes avocates, maîtres Janine Bonaggiunta et Nathalie Tomasini ! Serais-je là à témoigner librement sans elles ? Nul ne le sait. Mais une chose est certaine : elles ont obtenu ce qui me semblait à la fois logique et inaccessible, mon acquittement. Elles m'ont convaincue et ont convaincu tous ceux qui ont eu à me juger que j'étais une victime avant d'être une meurtrière. Elles m'ont soutenue et montré la voie à suivre ; elles ont trouvé les mots pour me redonner l'espoir d'un avenir possible... Qu'elles en soient ici remerciées et, plus encore, félicitées : elles ont mené un combat qui servira à d'autres femmes battues, je l'espère de tout mon cœur.

Je me permets aussi de rendre un respectueux hommage à M. Luc Frémiot, même s'il est sûrement rare qu'un accusé le fasse à l'égard de l'avocat général à son procès, pour son courageux « réquisitoire » et son engagement obstiné auprès des femmes victimes de violences conjugales.


Bien sûr, je veux terminer en m'adressant à mon frère, à ma sœur (merci d'avoir gardé le contact avec mes enfants pendant mon incarcération) et par-dessus tout à mon papa.

Toute sa vie il a travaillé pour que sa famille, ses enfants, ne manquent de rien. Nous n'avons jamais connu le luxe, certes, mais il s'est démené pour les siens comme peu de pères, je crois, seraient capables de le faire. Même en étant divorcé ou loin de nous, il a toujours veillé sur ses enfants. Certes, papa était

*Acquittée*

autoritaire, mais il était juste et nous a inculqué les valeurs essentielles de la vie.

Mon père ne m'a jamais abandonnée. C'est un homme généreux avec un cœur « gros comme ça ». Il est toujours resté vigilant, même quand il ne savait pas le dixième de ce que j'endurais. Et, dès qu'il a eu connaissance de ce que je vivais, il a tout fait pour m'extraire de mon cauchemar. Je dirais même qu'il s'est sacrifié pour moi en plaçant ce couteau sur la scène de crime – au final, il a écopé de six mois de prison avec sursis pour cela.

Je sais qu'il est traversé par beaucoup de tourments depuis plusieurs années. Ma situation, la sienne, notre procès, notre famille éclatée… Nous nous sommes beaucoup rapprochés depuis le drame. Il me fait rire, me rassure, me soutient et me conseille autant qu'il le peut. Je sais pourtant qu'il a beaucoup pleuré, seul, et qu'il a ressassé des milliers de fois cette nuit dramatique.

Papa, mon papounet, je t'aime. Tu peux souffler maintenant, penser à toi et à Marie. Ne t'inquiète pas pour moi. Ta puce.

Restent mes quatre trésors, mes petits.

Pendant toutes ces années de souffrance, ils m'ont permis de tenir, de réchauffer mon cœur, même si je dois leur demander pardon de n'avoir pu les arracher à cet enfer – j'en ai donné les raisons dans ce livre. Même si l'extrémité à laquelle m'a poussée la peur de mon mari me glace encore d'effroi, puisque je les ai, du même coup fatal, privés de leur père.

*Remerciements*

Ils m'ont gardé leur amour.

J'emploierai tout le mien à leur permettre de recouvrer la paix et trouver le bonheur.

Merci encore à Éric L., Marie-Paule, Lynda, Valérie Helmig, Tite moon, Andy watt, Brigitte, Sonija, Valérie (éducatrice à La Maisonnée), au personnel de La Maisonnée (Geoffrey, Karine, Aurélie, Prescilla, Martine, Cathy, Laurence, Leila…), à certaines résidentes du foyer (Isabelle dit « le Schtroumpf grognon », Émilie, Aurore, Sandra P., Josée, Betty…), au personnel de SOS villages d'enfants, à Dominique dit « Doumé », Laetitia L., Coco des Roseaux, Joëlle B., Sylvie et Nathalie de chez Évéole, Chris, Stéphanie (Stéphou), Estelle (Stellou) et Me Cockenpot.

Merci enfin à Laurent Briot, qui m'a permis, avec tact et patience, de rassembler mes souvenirs et m'a aidée de ses conseils et de son talent.

# Table des matières

| | |
|---|---|
| Préface | 9 |
| 1 – « Acquittez-la ! » | 15 |
| 2 – Comprendre et expliquer | 41 |
| 3 – Deux êtres bancals | 53 |
| 4 – La descente aux enfers | 91 |
| 5 – L'emprise | 133 |
| 6 – Vers une issue fatale | 171 |
| 7 – Une journée « ordinaire » | 207 |
| 8 – Après le cauchemar | 243 |
| Postface | 283 |
| Remerciements | 291 |

*Direction littéraire*
Huguette Maure
*assistée de*
Clémence Albert

*Mise en page :* Compo-Méca SARL
64990 Mouguerre